プロローグ

沖縄県の北部にある八重岳《やえだけ》に来た。
雲一つない真っ青な空と、おだやかな陽光。
鳥たちのさえずりが聞こえる。
山の中腹、道沿いにひっそりと建つ「三中学徒之碑《がくとのひ》」に出会った。
三中とは、沖縄県立第三中学校。
何人もの名前が刻まれている墓碑銘《ぼひめい》と、
観音像《かんのんぞう》の刻まれた石碑《せきひ》が並んでいる。
イタジイの木におおわれた山々が連なり、
海からの風が吹きつけてくる。
シュワシュワ　　ザザザッ
イタジイの葉が大きくゆれて、まるでおしゃべりをしているようだ。
「少年たちに会いにきてくれたのだね。

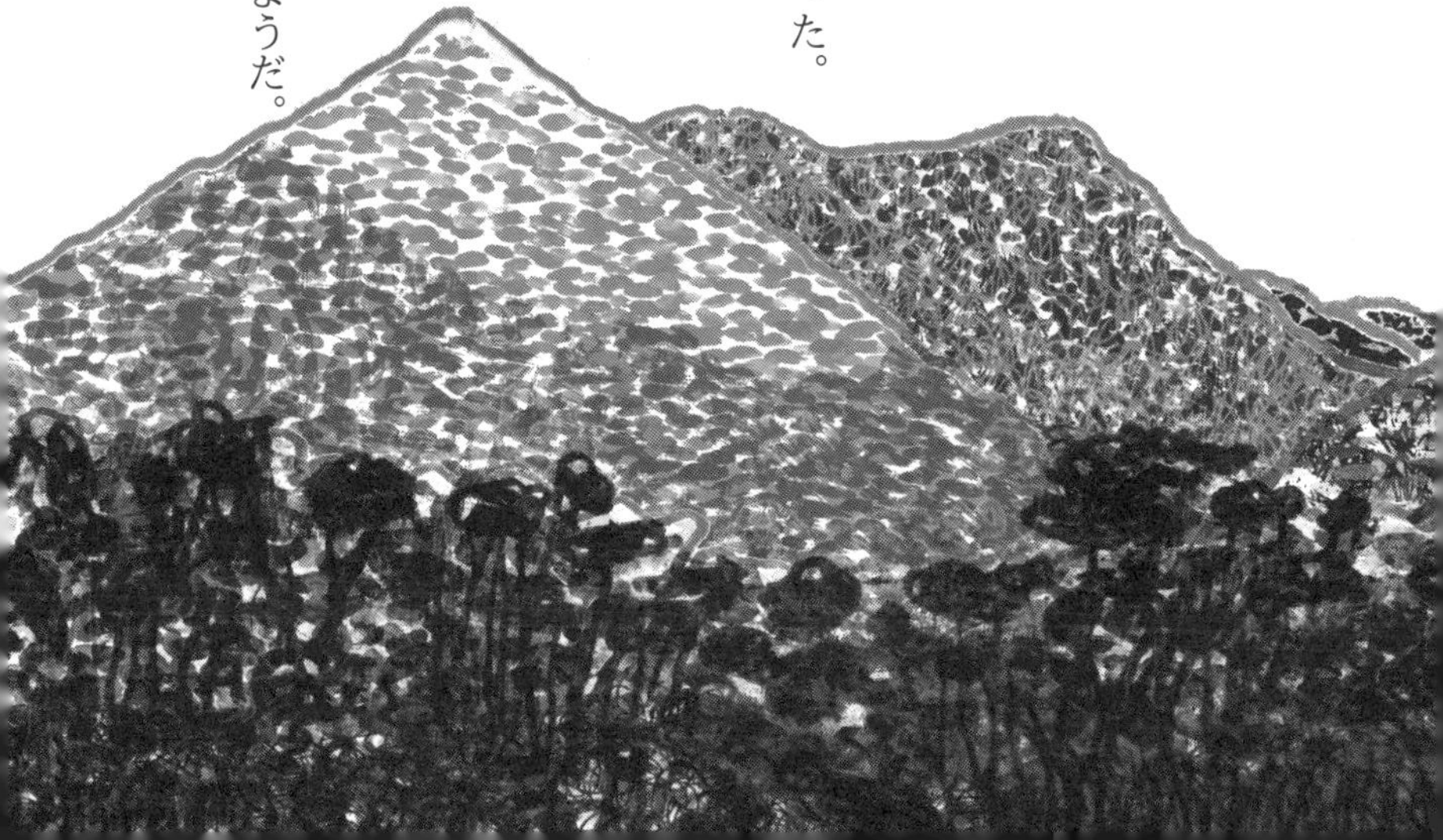

むかし、戦争があって、山々も森も戦場になった。
ここに書かれている名前は、戦争のために亡くなった少年たちだよ」
私は、墓碑銘《ぼひめい》と観音様に向かって手を合わせた。
三中生たちの写真があると友人に教えられて、名護《なご》博物館を訪ねた。
三本線の入った学生帽に詰襟《つめえり》の制服。
肩をならべ、すこし緊張した表情で先生を囲んでいる。
キラキラと輝いている目がまぶしい。
けれども、少年たちの顔は、どこかあどけない。
中学生といえば、まだ十代。
お母さんが恋しい年ごろなのだ。
そんな少年が、なぜ戦場にいたのだろうか。
家族たちと逃げなかったのかな。
沖縄戦とは、どんな戦争だったのか。
そのころ三年生だった大城《おおしろ》幸夫《ゆきお》さんや、
一年生だった東江《あがりえ》平之《なりゆき》さんはじめ、

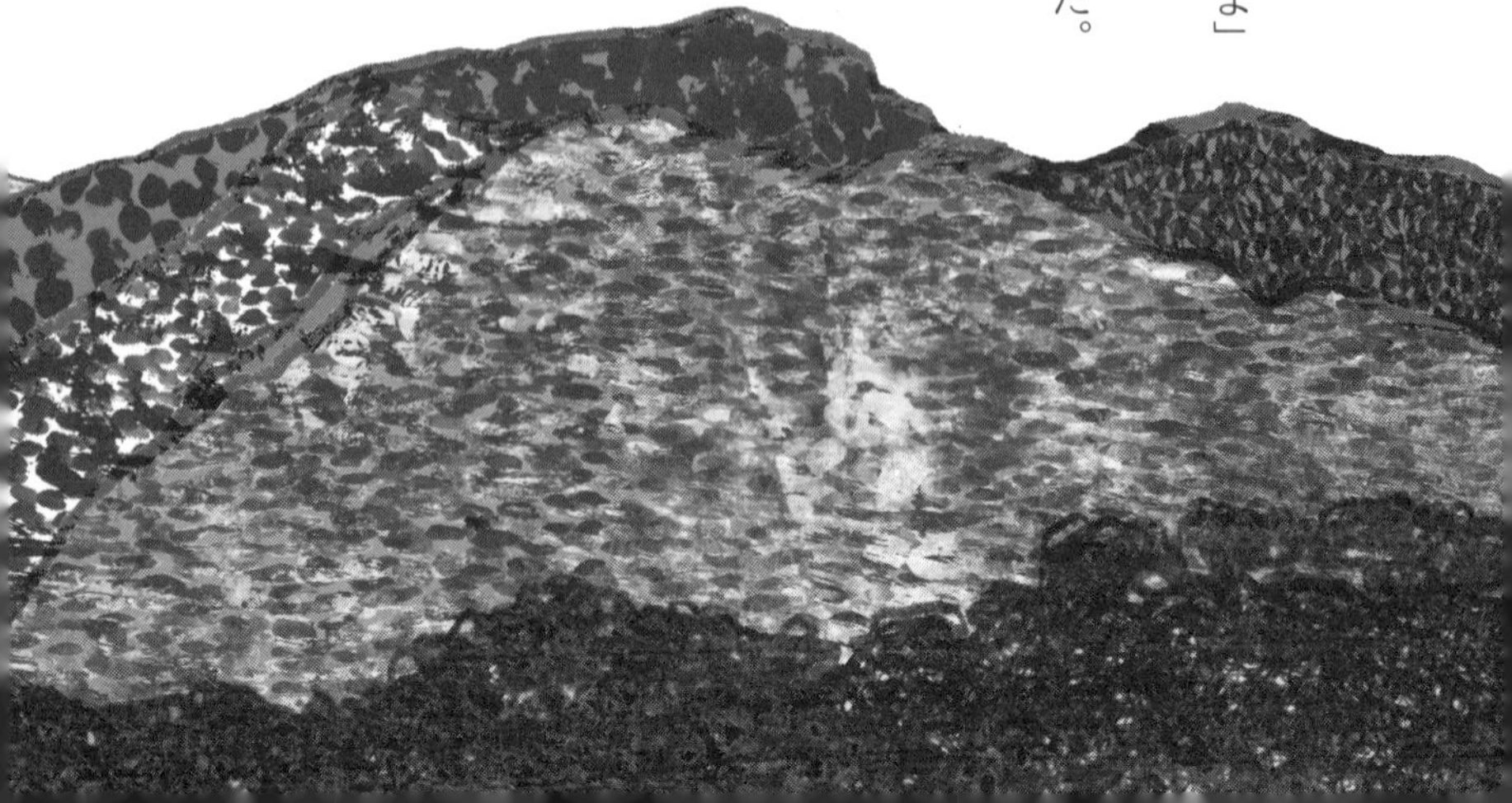

学徒兵だったたくさんの方々に巡り合い、お話を聞くことができた。
沖縄北部の山岳地帯の戦争。
三中学徒兵たちの戦《いくさ》世《ゆ》の日々。
これは、八十年前、ほんとうにあった物語である。
その扉を開こう。

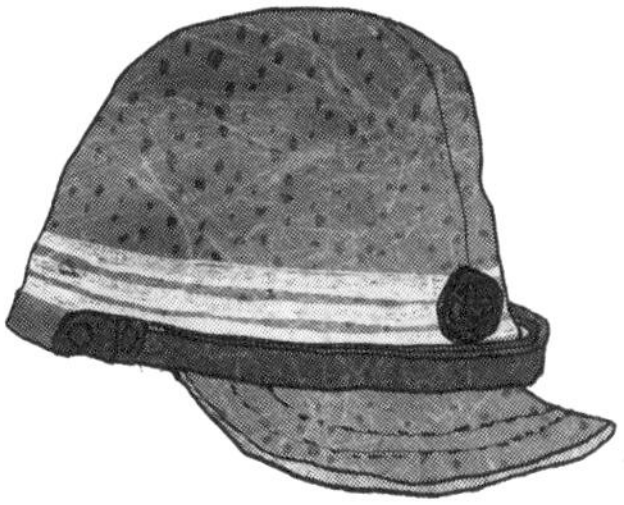

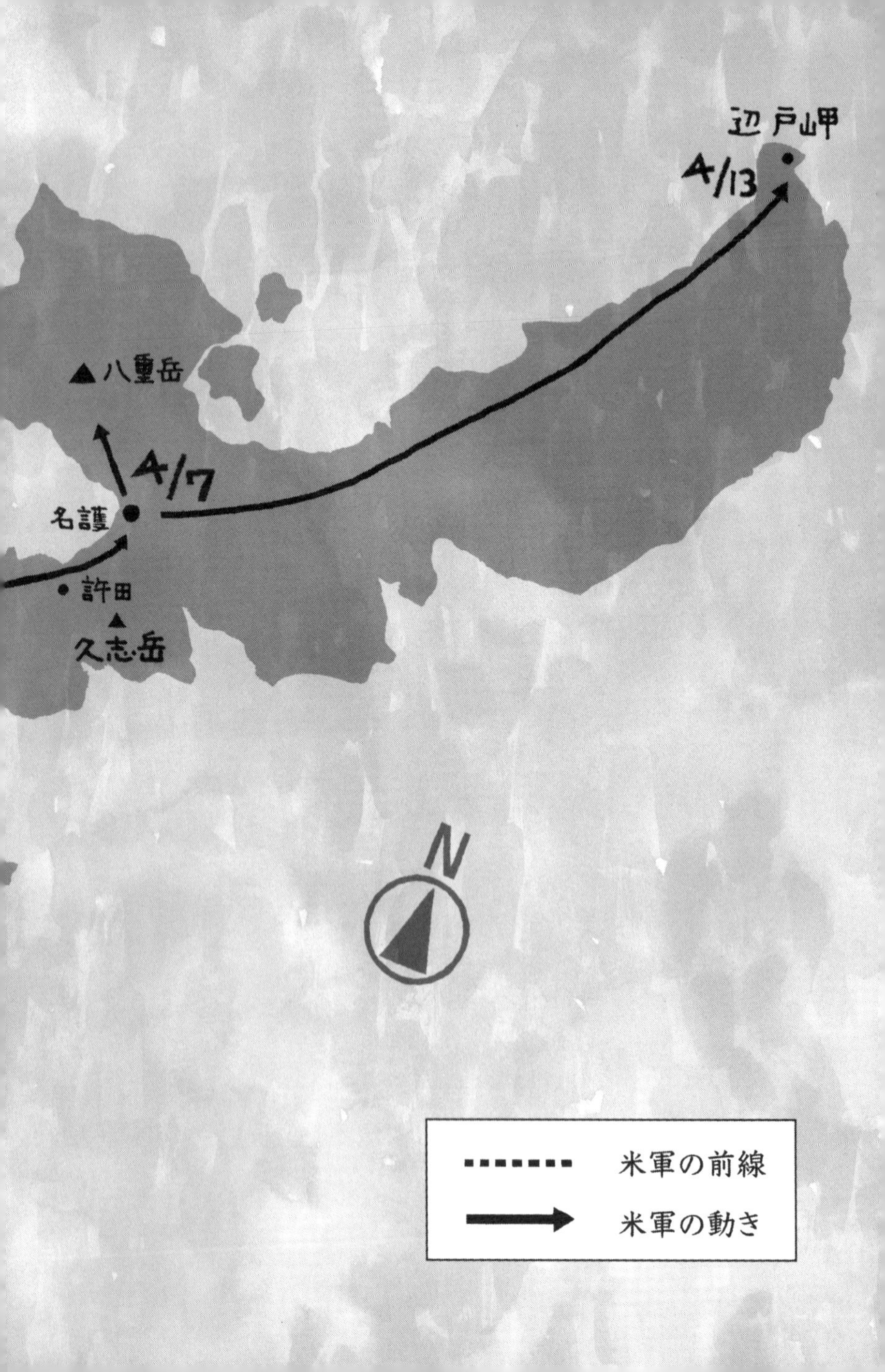
辺戸岬
4/13
八重岳
4/7
名護
許田
久志岳
N
米軍の前線
米軍の動き

沖縄戦の経過

伊江島
4/16上陸
4/3
恩納岳
4/1 アメリカ軍
上陸
嘉手納
4/3
4/8
普天間
4/3
5/31
5/21
嘉数
宜野湾
4/3
那覇
首里
4/8
南風原
5/21
5/31
6/11
糸満
与座岳
八重瀬岳
6/20
6/11
米須
摩文仁
6/20

今泊
今帰仁城址
今帰仁村
古宇利島
仲宗根
運天
4/10
4/19
三〇二高地
乙羽岳
屋我地島
4/9
満名
4/14
4/13
伊豆味
4/16
真部山
4/9
国頭支隊本部
羽地内海
八重岳
三ッ堤
稲嶺
源河
呉我
真喜屋
田井等
仲尾次
源河開墾
安和
名護町
伊差川
羽地村
屋部
多野岳
第一護郷隊本部
名護
名護岳
数久田
名護湾
大浦股
大浦
瀬嵩
許田
久志岳
大浦湾

飛行場
城山
伊江島
備瀬
4/9
謝花
日本軍防衛線
その日付の米軍第一線
渡久地
4/10
4/14
瀬底島
水納島
崎本部
八重岳から多野岳へ
伊豆味
4/17
朝〜夕
呉我山
湧川
4/18
朝〜夕
日中ひそんでいた所
攻撃をうけ前進できなかった所
八重岳
内山
呉我
ナサダ川
4/20
朝〜夕
仲尾
仲尾次
中山
旭川
[現在の名桜大学]
古我知
我部祖河川
親川
田井等
(多野岳へ)
川上
勝山
4/19
朝〜夕
(武田薬草園)
羽地大川
安和
為又
伊差川
山入端
[現在の国道58号線]
屋部
名護

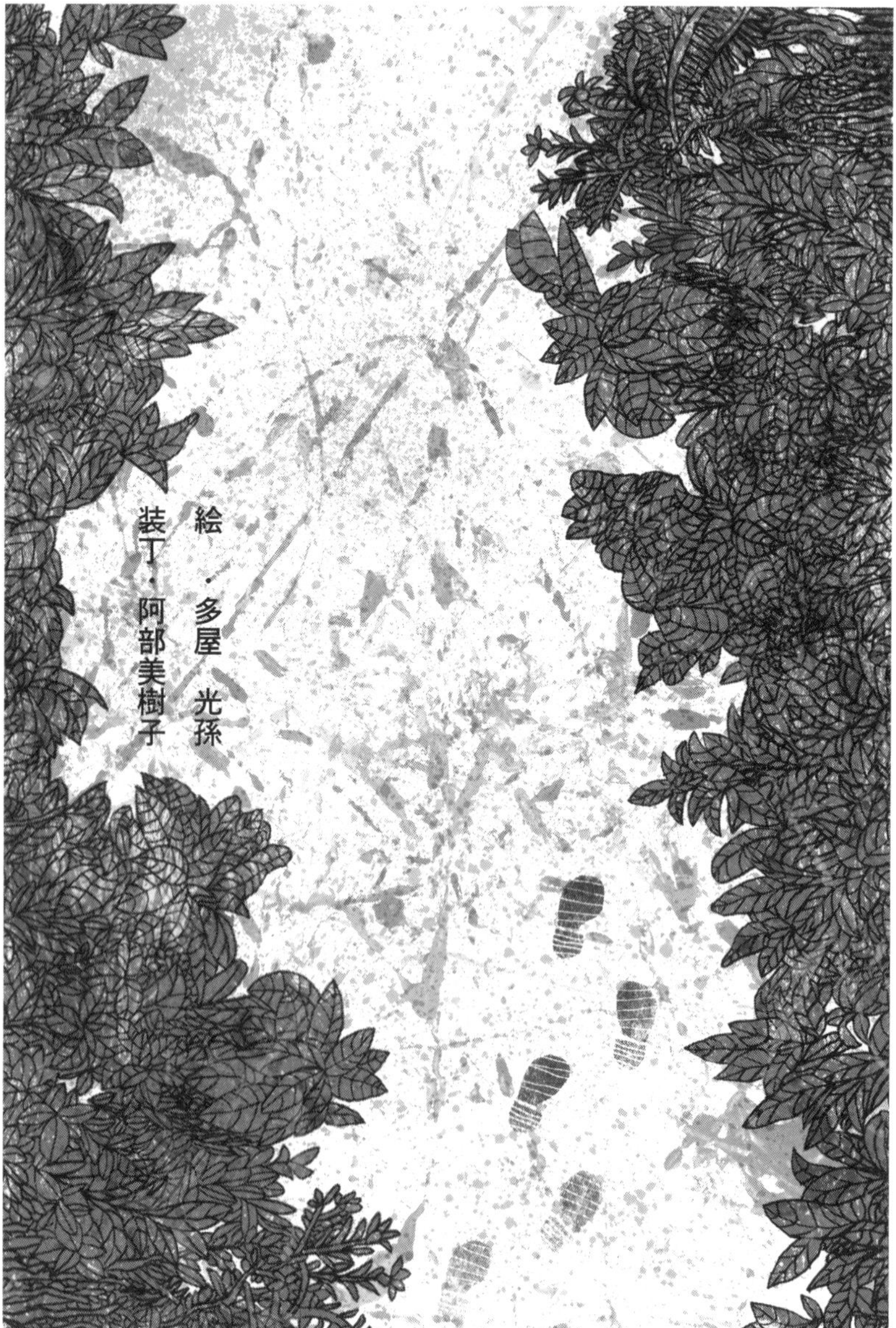

絵・多屋光孫
装丁・阿部美樹子

第 1 章

戦争の足音

八重岳のカンヒザクラ（写真提供：名護博物館）

EVEN CHILDREN BECAME SOLDIERS

① お母さん

一九四一年四月。

沖縄県の北部にある名護《なご》町。

東シナ海が広がる名護湾から、おだやかな風が海沿いの集落をめぐっていく。

汗ばむほどの陽光のなかで、人々は海からの汐の香りに一息つく。

砂浜にそった細い道に面して、かやぶき屋根の大きな家が建っている。

東江《あがりえ》盛長《せいちょう》の家だ。地域の人たちには、屋号で「アガリヤー」と呼ばれている。

コッコッコー　コッコッコー

ピヨ　ピヨ　ピヨ　チッチッチー

朝、フクギ[1]に囲まれた広い中庭から、にわとりたちのにぎやかな声が聞こえる。

小屋から飛び出したにわとりやひよこの群れ、床の下から飛び出してきたアヒルの親子たち。にわとりとアヒルたちは、たがいに割りこんだり、追いかけっこをしたり、地面をつつ

1　高さ六〜二〇メートルになる常緑広葉樹。沖縄では防風、防潮、防火のために植えられている。

いて騒いだり、祭りのようなにぎやかさだ。

にわとりの世話をしているのは、アガリヤーの七男、平之《なりゆき》。小学五年生になったところだが、今年から小学校は国民学校という名前に変わったから、国民学校[1]五年生だ。

一年生のころから家畜の世話をしているので、すっかり慣れている。にわとりたちを庭に追い出したあと、小屋の掃除をして、餌《えさ》と飲み水を手早く入れていく。

アヒルは、いつも七、八羽は飼っている。親アヒルは卵を産むと、ひなが誕生するまで卵を温めつづける。卵からかえったひなたちは、体毛は黄色いが、大きくなるにつれて白くなる。白くなった子アヒルを、お父さんは売ることにしている。その代金が、アガリヤーの息子たちの中学校一か月分の授業料になるからだ。

親アヒルは、子アヒルがいなくなると、さみしくなって、またせっせと卵を産んでくれる。

次はうさぎ小屋の掃除だ。母うさぎは人が近づくと、子うさぎを食べてしまうことがあるから、いつもそっと小屋に近づく。小屋の中に入ると大急ぎで糞《ふん》を集める。うさぎの餌にする草は、平之《なりゆき》が庭や近くの土手で刈って集めておく。

「さぁ、腹《はら》いっぱい食べろ。うまいぞ」

1　一九四一年国民学校令公布。初等科（六年）高等科（二年）。

うさぎは、平之《なりゆき》が言うより早く、すごい勢いで食べつづける。

アガリヤーでは、ほかにも、家畜を飼っている。

牛、豚、馬、ヤギなど、動物たちの声が聞こえない日はない。

「お兄ちゃん、学校に早く行こう。おくれちゃうよ」

妹の幸子《ゆきこ》の声がした。

平之《なりゆき》の仕事が早くおわるように、にわとりたちを、小屋の中へと追い立てる。ところが、にわとりたちは幸子《ゆきこ》に追いかけられても、おかまいなしに逃げまわっている。

「幸《ゆき》ちゃん、学校へ行こう」

元気のいい声が門の外から飛びこんできた。

近所の文《ふみ》ちゃんがヒンプンのかげから顔をのぞかせた。ヒンプンとは、門の内側にある目隠しの塀《へい》のようなものだ。幼なじみの二人は、この春、そろって名護《なご》国民学校の一年生になった。

「じゃあ、お兄ちゃん、先に行くよ」

幸子《ゆきこ》と文子《ふみこ》は、手をつないで飛び跳ねるように門から出ていった。おかっぱの髪が肩の上でゆれている。

平之《なりゆき》は、掃除の手を止めて、二人の後ろ姿を見送った。

「幸子《ゆきこ》も、学校へ行く年になったんだ」

元気な妹を見ると、いつもおだやかな気持ちになる。幸子《ゆきこ》がまだ五歳のとき、お母さんが病気で亡くなった。平之《なりゆき》は三年生だった。そのときから、幼い妹の世話は、自分の仕事だと思ってきた。

平之《なりゆき》には兄弟がたくさんいる。長男の盛行《せいこう》、次男盛勇《せいゆう》、三男盛常《せいじょう》、四男盛栄《せいえい》、長女の春子《はるこ》、五男の憲六《けんろく》、六男康治《やすはる》、そして七男の平之《なりゆき》、末っ子の幸子《ゆきこ》だ。

父の東江《あがりえ》盛長《せいちょう》は、一九〇四年、アメリカ大陸へ出稼ぎに行った。現地でいちご園を経営し成功した。しかし、二十年で外国暮らしを切り上げ、子どもの教育のために故郷、沖縄にもどってきた。康治《やすはる》・平之《なりゆき》ら子どもも増え、大きな家族になった。

盛長《せいちょう》は、海ぞいの新しい宅地を買って、家を建てた。広大な田んぼを手に入れ、山のほうには畑を買った。その上、平地の田んぼを借りるなどして、米作り、野菜作りに力を入れた。農業のほかに、肉牛を育てる畜産業も営んでいた。買ってくるのは、神戸牛。生まれて間もない小さな牛を一年間大切に育てる。芋《いも》に大豆の搾《しぼ》りかすを混ぜて与える。大きく育てて高く売る。そしてまた新しい子牛を買う。この売り買いの差額が、家族の大切な現金収入になっていた。サトウキビを育て、サーターヤー(砂糖小屋)で作る黒砂糖も大切な収入源になった。盛長《せいちょう》がもっとも気にかけたのは、子どもたちの教育費だった。なんとしても中学、その先の高等教育を受けさせたいと、毎日休みなく働いた。

幸子《ゆきこ》が出かけたあと、平之《なりゆき》はにわとりたちを追い立てて小屋に入れると、かぎをかけた。

「だいじょうぶか。学校に遅れるなよ」

大きなむしろを肩にかついだお父さんの声がした。

今日はこれから田植えをする。近所の人たちが応援に来てくれる前に、やっておかなくてはならない準備で、忙しくしている。沖縄は、一年に二度田植えをする二期作だ。

学校へ行く時間が迫っている。

「いよっ」

声のほうにふりむくと、兄さんが立っていた。

康治《やすはる》兄さんは、この春、沖縄県立第三中学校に入学。いよいよ中学生の生活がはじまる。真新しい制服姿がまぶしい。急に背丈《せたけ》が伸《の》びたようだ。ところが、次の瞬間、「えっ」と平之《なりゆき》は声を上げた。

「あっ、なにか、制服が……」

平之《なりゆき》がそこまで言ったときだった。

「気がついたか。そうなんだ。今年から制服が新しくなったんだよ」

兄さんは、苦笑いして言った。

沖縄県立第三中学校の制服は、霜降《しもふ》り模様の背広《せびろ》に革靴。すごくかっこいいのだ。子どもたちばかりでなく、町の人たちの憧れでもあった。もちろん平之《なりゆき》も憧れていた。三中の制服を着たい一心で、ひたすら勉強したといっても言い過ぎではない。

ところが、兄さんが着ているのは、憧れていたのとは、大きくちがう。まず、色がちがう。カーキ色の詰襟《つめえり》になっているじゃないか。しかも、足もとは革靴じゃない！　カーキ色のズボンにグルグル巻きのゲートル[1]と地下足袋《じかたび》[2]だ。帽子も色が変わってカーキ色に白色の三本線である。

「まぁ、いいじゃないか。今年からは、これが天下の三中生のスタイルだ」

康治《やすはる》兄さんは、笑いながら言った。

「じゃあな。遅れるなよ」

平之《なりゆき》に声をかけると、新中学生は、勢いよく家を出ていった。

「お父さん、行ってきます」

1　小幅の長い布を足首から膝下まで巻き上げ、端につけた紐で結び留めるもの。

2　厚地の布の足袋の底にゴムをつけて丈夫に作られた履き物。

平之《なりゆき》も、走るように外へ出た。

朝日があふれるように降り注ぎ、菜の花の畑が見わたす限り広がっている。

平之《なりゆき》は、学校への道を急いだ。

校門を入ってすぐ横にある奉安殿《ほうあんでん》の前で、平之《なりゆき》は立ち止まって、深々と頭を下げた。歩きながらのお辞儀《じぎ》ではいけないと先生から厳しく言われている。

奉安殿には、全国の学校に下賜《かし》された天皇・皇后の写真（御真影《ごしんえい》）と教育勅語《ちょくご》[1]の謄本《とうほん》（写し）が納められている。御真影は、学校のなかで何よりも大切なものとして、保管されているのだ。天皇に対して忠実な国民になることをもとめる教育勅語を、子どもたちは暗記させられた。

校舎に入ると、教室から子どもたちの声が廊下まで聞こえた。

新学期の教室は、にぎやかだ。

でも、担任の先生の姿が見えると、あっという間に静かになった。

「今日から君たちは、国民学校の五年生だ」

先生はつづけた。

1　一八九〇年発布。第二次世界大戦後の教育改革まで日本の教育理念の指針とされた。

「天皇さまにお仕えするりっぱな国民になるよう、しっかり勉強しなければならない。君たちは少国民だ。大きくなったら、しっかりした兵隊さんになれるよう、日ごろから鍛錬《たんれん》しなければならない」

その時だった。
かすかに、だが、確かに聞こえる。
ヒートゥー　ドーイ
ヒートゥー　ドーイ
子どもたちは身動き一つしないで、全身を耳にして、何かの音を聞いている。
ヒートゥー　ドーイ
次の瞬間、歓声がわきおこった。
子どもたちが、いっせいに出口に向かって突進した。
窓からも、次々に飛び出していく。
「ヒートゥーだぞー」
「来たぞ、ユイムンだぁ」

教室の子どもたちは、海岸に向かっていっせいに走り出したのだ。

ヒートゥー（ピトゥとも言う）とは、イルカのこと。

春になると、名護湾《なごわん》にはイルカの群れがやってくる。人々は、これをユイムンという。神様の贈り物、自然の恵みという意味だ。

ヒートゥーがくると、人々はいっせいに海に向かって走る。田植えも、結婚式も、何もかも中断して、浜に押し寄せるのが決まりだ。

サバニ（小舟）が群れをなして出動し、ヒートゥーの群れを浅瀬まで追いこむ。

海辺では、銛《もり》をもった人たちが待ち構える。

「ヒートゥーが来たよ」

大人も子どもも、口々に叫び、騒然《そうぜん》としている。

一年に何回か食べられる貴重なたんぱく源。神様からの贈り物を、みんなで力を合わせて捕獲《ほかく》し、自然の恵みに感謝しながら、分け合っていただくのだ。

自然に寄りそった人々の暮らし。ユイムンは、そんな平和な沖縄の暮らしの象徴《しょうちょう》だ。

その日の夜は、どこの家もイルカの話でもちきりだった。

イルカが来た日から、二、三日たった。

平之《なりゆき》は、学校から帰ると、浜辺に来た。

海岸は、すっかり片付けられ、静かになっていた。

海は、夕焼けで真っ赤に染まっている。

大きな太陽が水平線の向こうに沈んでいく。

「お母さん、幸子《ゆきこ》が一年生になったよ」

浜辺に来ると、いつもお母さんが亡くなった日のことを思い出す。

お母さんは、病気で入院していた。毎日のようにお見舞いに行った。平之《なりゆき》は、お父さんに買ってもらった白いシャツと短パンを、夜寝るときは枕元に置いて、運動会を楽しみにしていた。

ところが、明日は運動会という日。いつも静かな家に、夕方、近所の人たちが大勢集まった。台所では近所のおばさんたちが、野菜を切ったりご飯を炊《た》いたり、忙しく動きまわっていた。お母さんが亡くなったことを、お父さんから聞かされた。

運動会の日が、お母さんのお葬式になってしまった。平之《なりゆき》は、白いシャツと短パンを抱きしめた。

次の日から、平之《なりゆき》が一家の夕食の支度をするようになった。

「ここに来ていたのか」

気がつくと、康治《やすはる》兄さんが隣《となり》にいた。

一日の仕事を終えた山原《やんばる》船[1]が、何隻も港に帰ってくる。

ふたりは、真っ赤にそまった海を見つめていた。

「幸せの国って、ほんとうにあるのかな」

平之《なりゆき》はひとりごとのようにつぶやいた。

海の向こうには、「ニライカナイ」という幸せの国があると、お母さんがよく話してくれた。

「うーん。あればいいんだが……」

いつも冷静で、なんでも答えてくれる康治《やすはる》兄さんが、そう言いながら、口をつぐんでしまった。

そのころ、日本は領土を広げようとして、海の向こうの中国大陸へたくさんの軍隊を送りこみ、戦争をつづけていた。

一九三一年に、中国東北部の満州《まんしゅう》を占領《せんりょう》し（満州事変《まんしゅうじへん》）、それが世界の国々から非難されると、

1 近世から第二次大戦前まで沖縄で主に物資輸送をになった小型の帆船。

国際連盟を脱退した。

さらに一九三七年七月からは、中国全土への攻撃をはじめ、全面戦争となった（日中戦争《にっちゅうせんそう》）。だが、中国の人々の抵抗《ていこう》や、国際的な批判《ひはん》をうけ、すぐに勝利できるというもくろみははずれる。戦争が長引いて、日本軍の戦死者も増えていた。

戦争をつづけるために、国民の生活にはさまざまな制限がくわえられるようになった。人々の不満を抑《おさ》えるため、取り締《し》まりが強まり、戦意を高めるため、さまざまな宣伝がおこなわれた。

とりわけ教育では、立派な軍人になって、お国のために命をささげることが強調された。三中の制服がカーキ色の兵隊の服装と同じように変えられたのも、小学校が国民学校という名称に変えられたのも、そのひとつである。

そして、中国との戦争に終わりが見えないなか、この年、一九四一年の一二月八日、日本軍はハワイの真珠湾《しんじゅわん》を奇襲《きしゅう》攻撃し、アメリカとの戦争に突入する。

それによって、沖縄の、そして、平之《なりゆき》たちの運命は、大きく変わっていくことになった。

② マラソン大会

一九四四年一月二三日。

沖縄県立第三中学校二年生の大城幸夫《おおしろゆきお》は、いつもより早起きをした。

「さぁ、思いっきり走るぞ」

今日は、三中の創立記念日。毎年この日に、ミニマラソン大会がひらかれる。

幸夫《ゆきお》は、ランニングシャツに短パン、スポーツシューズで学校に向かう。

天気は快晴。太陽がまぶしい。真っ青な空に力いっぱい両腕をのばした。飛びあがりたい気分だ。

ヒンプンガジュマル[1]の大木がある名護《なご》の大通りを、幸夫《ゆきお》は弾《はず》む足取りで急ぐ。

「おーい、ちばりよ（がんばってね）」

「応援しているよー」

1　名護の市街地に立つ巨樹。ヒンプンは沖縄の民家で悪霊を防ぐために門と母屋の間に立てられる衝立のようなもの。このガジュマルも名護の人々にとってヒンプンのような存在であることからの名称。一九九七年、国の天然記念物に指定された。

スポーツウェア姿の幸夫《ゆきお》に、町を行きかう人たちから声がかかる。

「よっしゃ。がんばります」

幸夫《ゆきお》も声援にこたえて、手を振った。


町の人たちは、三中生たちに、特別の親しみを持って接してくれる。親元を離れて、民家に下宿《げしゅく》をして通学するものも多い。下宿屋のおばさんは、食事のほかに、毎日世話をしてくれるお母さんのような存在だった。それでも、洗濯、掃除は勉強や部活の合間に自分でやるなど、おたがいに気をつかう毎日だから、町の人たちの温かい言葉はうれしかった。

幸夫《ゆきお》は、パラオに移住している両親の期待を受けて、名護《なご》へやってきた。

名護は両親のふるさとで、お祖父《じい》さん・お祖母《ばあ》さんと、すでに三中に入っていた兄の浩《ひろし》が住んでいる。

「町の人たちが三中生たちを大切に見守る。それは、三中が創建された歴史からきているのだと思う」

パラオにいたとき、お父さんから聞いたことがあった。

沖縄県には、明治時代から首里《しゅり》に第一中学校、那覇《なは》に第二中学校が開校されていたが、北部には、中学校がなかった。そのために地元では中学校設立を要望する声が強かった。その願いを叶《かな》えたいと、寄付《きふ》活動も盛んになった。

一九二一年に、第三中学校を国頭郡《くにがみぐん》に設立する建議案《けんぎあん》が県会で可決された。「やんばる[1]に学問の灯を、子や孫たちに中学校教育を」と、北部地域の人々は、心を一つにして、粘り強く文部省への陳情《ちんじょう》をくり返した。

こうして七年の歳月を経て、一九二八年一月二三日に文部省から設置許可の指令を受け取ることができた。

「ついに、やんばるにも中学校が誕生する。これで子どもたちにも中学校教育を受けさせることができる」

三中は、北部一帯の人たちの誇《ほこ》りだった。

名護の町は、中学生を迎えて活気づいた。

三中には寄宿舎がなかったので、自宅通学以外の生徒を受け入れる下宿屋が軒《のき》を連《つら》ね、ますますにぎやかになった。

パラオで小学五年生まで過ごした幸夫《ゆきお》は、三中入学を目指して名護小学校へ転校し、祖父

1　沖縄本島北部の、山や森が多く残っている地域。

母の家で暮らすことになった。

名護《なご》に来たばかりのころ、お祖父《じい》さんが三中へ連れていってくれた。

「すげぇ……」

あとはもう言葉にならなかった。雄大な山並みを背景にして、平屋《ひらや》建てのりっぱな校舎が何棟《なんとう》も建っている。その大きさに圧倒された。

コンクリートの四角い大きな門柱が左右に建っている正門。その向こうにテニスコート、広い運動場が見える。白亜《はくあ》の建物は、図書館と教えられた。

幸夫《ゆきお》が目を丸くしていると、三本の白線の入った三中の帽子をかぶった生徒たちが、にぎやかにおしゃべりをしながら通り過ぎていく。

「かっこいいなぁ。なんとしても三中に入りたい」

入学試験のため猛勉強をした。

一九四二年四月、幸夫《ゆきお》は念願かなって三中に入学した。

その前年の一九四一年一二月、日本は中国に加えて、アメリカとも戦争状態になっていた。

「アメリカとの戦争がはじまってから、学校の雰囲気が、がらりと変わった」

「新しくきた配属将校《はいぞくしょうこう》は、とにかく怖い」

幸夫《ゆきお》のそばで、上級生たちが話している。

配属将校とは、全国の中学校から大学に派遣《はけん》されている、主に軍事教練《ぐんじきょうれん》1を担当する軍服を着た軍人の教官のことだ。

三中に配属されている教官の谷口博中尉《たにぐちひろしちゅうい》は、校長先生、教頭先生よりも一段と厳《きび》しい。

学校の一日は、朝礼からはじまる。校庭での朝礼台に配属将校が直立不動で立ち、生徒全員も、はるか東京、皇居の方角に向かって宮城遥拝《きゅうじょうようはい》2をする号令がかかる。そのあと、配属将校の訓示《くんじ》、その日の日本軍の戦果がくわしく説明される。最後は、大きな声で「若い君たちには、国を守る義務と責任がある」と結ばれる。

現在の戦況《せんきょう》を受け止めて理解し、お国のために戦っている兵隊さんのことを思い、どういう行動をとるべきか、自分でしっかり考えよというのである。幸夫《ゆきお》たちは、身のひきしまる思いで谷口《たにぐち》教官の言葉を聞く。それから教室にもどり、勉学の一日がはじまるのだった。

中学の授業科目は、英語、物理、化学、数学、古典、国語など、それぞれ専門の先生が授

1 学校教練ともいう。一九二五年から開始された、陸軍将校による正課の軍事訓練。
2 遙拝とは遠くから神仏等をはるかに拝礼する所作のこと。天皇への忠誠を誓う行為の一つ。

業をする。勉強は難しかった。幸夫《ゆきお》も黒板に書かれた内容を一生懸命ノートに書きとった。毎日のノート作りで、えんぴつを持つ指が痛くなった。しかし、難しい学問を理解しようと食らいついている自分が誇《ほこ》らしかった。

柔道か剣道、どちらかを選ぶ選択制《せんたくせい》の科目もあった。

「自分で好きな科目を選べるとは、小学校とは大ちがいだな」

幸夫《ゆきお》は柔道を選んだ。

水泳の授業は全員が受ける必修科目だ。最終日には、遠泳大会がある。列をつくり、おたがいに声をかけ合いながら、何時間も名護湾《なごわん》の中を泳いだ。力尽《つ》きてボートに引き上げられる生徒も出る。完泳した生徒も、疲れ果てて、岸に着いても自分の力で水から上がれる者はいないほどだった。

授業はどれも楽しかった。宿題や予習に追われて、日が暮れるまで図書館で勉強することも珍しくなかった。

「マラソン大会、今年もあるのだろうか」

「なんだか危ないぞ」

幸夫《ゆきお》たちが二年生になってから、学校では戦争の話ばかりを聞かされる毎日だった。谷口《たにぐち》教官の指揮する軍事教練《ぐんじきょうれん》が、いっそう厳しくなった。

一方で、いろいろな行事が中止になっていた。秋の一大イベントである大運動会も、今年度は開催されなかった。

「マラソン大会だけは、やってほしいな」

「いや、どうなるかわからないぞ」

生徒たちは、マラソン大会の話題でもちきりだった。

大会が例年通り開催されるという担任教官の言葉を聞いて、教室がこわれるほどの歓声が湧《わ》いた。

そのときのことを思い出すたびに、幸夫《ゆきお》はうれしさがこみ上げる。

いよいよ大会の日。走るように校門を入った。

「おーい、幸夫《ゆきお》。こっちだよ」

グラウンドのクラスメイトたちが目に飛びこんだ。

門のそばある奉安殿《ほうあんでん》に、深々と一礼して、声の方へ走っていった。

比嘉親平《ひがしんぺい》、仲村宏春《なかむらひろはる》、東江新太郎《あがりえしんたろう》たち、同じ学年の仲間が集合している。

白いシャツ姿の一年生から五年生まで、全校生徒でグラウンドは埋《う》まっていた。八時、いよいよマラソン大会がはじまる。

幸夫《ゆきお》はスタートの位置について、全身に力を入れた。

マラソンコースは、正門を出て、北の方へ向かい、屋部《やぶ》から山入端《やまのは》、水明橋《すいめいばし》に至る。そこから折り返して、もと来た道をもどってくる全長二〇キロのコースだ。幸夫《ゆきお》は力を抜かずに前方を見つめて走りつづけた。

海沿いの道を潮風に吹かれて走る。

背中の方から、おしゃべりが聞こえる。上級生にちがいない。

下級生は一生懸命走るが、上級生は途中で休んで歩いたり、おしゃべりしたり、取り組み方はそれぞれだ。

沿道《えんどう》は、父兄、友達、遠くから見物に来た人たちの声援でにぎやかだ。色とりどりの応援旗が風にたなびいている。

幸夫《ゆきお》たちのクラスは、みんながんばって、次々とゴールイン。

「終わった！」

「腹へった！」

「さぁ、飯、飯だぞ」

三中の校舎と向かい合って、「三中村《みなかむら》」と呼ばれる農場があった。学校の教育方針にのっとり、本格的な農業教育を目指して運営されている。農業指導の先生を、生徒たちは「村長」と呼んだ。

農場には、スコップ、モッコなどをしまう倉庫、事務所、指導員や村長の宿泊部屋などが建っている。

先生たちの指導のもとで、生徒たちは、牛、ヤギ、豚を飼っている。

サトウキビ、カボチャ、ジャガイモ、キュウリ、トマトなどが採れると、リヤカーに積み、町に売りに行った。

「これから豚汁大会だぞ」

「農場で作った野菜でごちそうだ」

全校生徒がいっしょに食べる。

「うまい！　何杯食えるかな」

「おかわりがなくなってしまうぞ、大急ぎで食べろ」

グラウンドには豚汁のにおいがたちこめ、生徒たちの笑い声があふれた。

満腹になったあとは、いつもきまって、三中のスポーツの話で盛り上がる。

「あのときは、すごかったな」

三中は、創立当初からスポーツに力を入れていて、成績も県下にとどろいていた。

開校翌年の一九二九年、全沖縄中学校の陸上競技大会で、初出場ながら幼年組が優勝。

一九三六年には、柔道大会で連覇《れんぱ》した。

そして、一九三九年一一月、東京の明治神宮で開催された第一〇回国民体育大会では、「障害物通過競争」で優勝、四一年の大会でも全国制覇《せいは》した。さらに翌年にも、「土《ど》のう運搬《うんぱん》競争」で日本一になった。

ただ、これらは第一〇回大会から新しくつくられた「国防《こくぼう》競技」という種目で、中学校の制服に、ゲートルを巻き、帯剣《たいけん》し、銃を持って、五人一組で障害物を乗り越え、最後に爆弾《ばくだん》の筒《つつ》をかかえて敵陣《てきじん》（ゴール）に突入するという競技だ。

国民の戦意高揚《せんいこうよう》のために考え出された種目だが、当時の中学生たちに、その意味はわからない。生徒ばかりでなく、名護《なご》の町じゅうが、おおいに盛り上がった。

「先輩たちの活躍はすごいな」

クラスメートたちと話しながら、幸夫《ゆきお》も、誇《ほこ》らしく思った。

そのとき、歌声が聞こえてきた。
スポーツ談義《だんぎ》に酔《よ》いしれた連中が肩を組んで、校歌を歌いはじめた。

ああ、三中の在《あ》るところ
昔蔡温《さいおん》叫《さけ》びにし
ヒンプンシーの碑《ひ》を見ずや
邦家萬山一貫《ほうかまんざんいっかん》の姿
球陽《きゅうよう》の景運《けいうん》を
保つ国頭《くにがみ》　国原《くにばら》に

わが学び舎《や》を営《いとな》みて
仰ぐ名護岳《なごだけ》　嘉津宇岳《かつうだけ》
共同和衷《わちゅう》を道として
質実剛健勤労《しつじつごうけんきんろう》の
風を起こして古里《ふるさと》に

＊蔡温（一六八二〜一七六一）
琉球王国時代の政治家。

＊ヒンプンシーの碑
蔡温の言葉が記された石碑「三府龍脉碑」。名護の町の入り口に立つことやその形がヒンプンににていることから「ヒンプンシー（ひんぷん石）」とよんでいる。

振興《しんこう》の旗《はた》　振《ふ》り立てん

幸夫《ゆきお》たちもいっしょに歌う。隣のグループもまた、いっしょになって歌い出す。校歌の合唱がつながっていき、その歌声は、グラウンド全体に広がっていった。

「来年のマラソン大会も楽しみだな」

「おれは、優勝をめざすぞ」

誰かの声に笑いが渦《うず》巻いた。

しかし、次の年、もうマラソン大会が開かれることはなかった。

③　アメリカスージ

「中学校の勉強は、むずかしいぞ」

康治《やすはる》兄さんが、笑顔で言う。

マラソン大会から二か月半後、一九四四年四月に、東江《あがりえ》平之《なりゆき》は三中に入学した。この日を幼いときから夢にえがいてきた。

「だいじょうぶだよ」

平之《なりゆき》は勉強には自信があった。三人の兄さんたちから、三中生の学生生活の様子は、しっかり聞いている。

制服は軍隊調に変わっていても、戦闘帽《せんとうぼう》の三本線は三中のシンボルだ。

兄と同じ制服を着るのが、平之《なりゆき》には誇《ほこ》らしかった。

「あこがれの三中に入ったんだ。おもいっきり勉強するぞ」

平之《なりゆき》は、家から二キロの道を歩いて通学した。

平之《なりゆき》の家の前の通りは、「アメリカスージ」（小路《すーじ》）と呼ばれていた。

移民として事業に成功した父の東江盛長《あがりえせいちょう》は、アメリカで生まれた二人の息子（盛行《せいこう》・盛勇《せいゆう》）とともに沖縄へ帰り、名護市字東江《なごしあざあがりえ》の海沿いに家を建てた。

アガリヤーの家のまわりには、アメリカ帰りの人たちが次々と家を建てたため、いつのまにかアメリカスージと言われるようになった。

アガリヤーでは、次男の盛勇《せいゆう》と三男の盛常《せいじょう》が、学校を卒業するとアメリカにわたった。

その二人の兄が送ってくれる小包が、平之《なりゆき》たちの楽しみだった。中にはドライフルーツ、アーモンド、くるみなどのナッツ類、シャツやジーンズなどが入っている。

ところが、平之《なりゆき》が小学生になってからのある日、妹の幸子《ゆきこ》といっしょに届いた小包を開けようとすると、お父さんが難しい顔をして、「押し入れにしまっておきなさい」と言う。こういうお父さんの言葉は初めてだった。日本とアメリカの対立が深まっていたのだ。

一九四一年一二月に日米の戦争がはじまると、ついに音信は不通になってしまった。

家族の一員が敵国アメリカに住んでいることを、口にすることはできなくなった。

家の中でも、二人の兄さんの話題はさけるようになっていた。誰に言われたわけではないが、家族は兄がアメリカにいることで、不審《ふしん》に思われないよう気をつかうようになっていた。

平之《なりゆき》は、父や夫が召集《しょうしゅう》された家への応援、農作業の手伝いなどを、誰よりも熱心に取り組んだ。

開戦当初、日本は破竹《はちく》の勢いで東南アジアや太平洋の島々に占領地《せんりょうち》を広げたが、一九四二年六月、ミッドウェー海戦[1]に敗れてからその勢いは止まり、四三年二月のガダルカナル島撤退《てったい》[2]のあと、アメリカ軍の攻勢《こうせい》が強まっていた。

町には軍歌がにぎやかに聞こえるようになった。戦没者《せんぼっしゃ》の数が増えるにつれ、平之《なりゆき》も、戦死者を弔《とむら》う町葬《ちょうそう》に参加して、「海ゆかば」[3]を歌うことが多くなった。

アメリカスージは、日の丸を掲《かか》げて出征《しゅっせい》兵士を見送る通り、戦死者を弔う葬列《そうれつ》が歩む通りになっていた。

学校への道の両側に田んぼが広がっている。稲は青々と順調に育っていた。稲刈りの日が楽しみだ。

1　日本海軍は空母四隻、航空機約三百機等を失い三千人強の戦死者を出したが、大本営は大敗の事実を隠しつづけた。
2　日本陸軍の兵士約二万人が、戦死だけではなく病気や飢えで亡くなった。
3　一九三七年、国民精神総動員強調週間に作られた官製の軍歌。歌詞は「万葉集」で大伴家持が詠んだ長歌の一節。

「増産《ぞうさん》、ばんざーい」

「ばんざーい」

田んぼのなかから、先生と子どもたちの掛け声が聞こえてくる。近くの国民学校の農業応援隊の子どもたちだ。青年団の人たちも、にぎやかに「増産」のスローガンを呼びかけあっている。戦争が長引いて、食糧増産が盛んに宣伝されてきたが、最近はその声がいっそう大きくなったような気がする。

物資が不足し、人々の暮らしが苦しくなっていた。だが、戦争遂行《すいこう》のために、がまんしなければならないと、強く言われるようになった。

平之《なりゆき》が学校から帰ると、お父さんが、近所の家々をまわり、豚や馬、にわとりなどの数を記録している。家畜を自由に売り買いすることが禁止されたのだ。軍への協力のために、豚は一頭まるごとを一軒でつぶしてはいけないことになった。お父さんは、そのために、どの家が何頭の豚や馬、牛を飼っているか、役所に報告する役目を任《まか》されていた。

田植えや刈り入れを手伝ってくれたお礼にと、毎年お父さんがはりきって作っていた豚の塩漬け肉も、これまで通りにはいかなくなった。

倹約《けんやく》が叫ばれ、家の食べ物は質素にして、軍の方へ供出《きょうしゅつ》するよう、班長さんが家々に言ってまわる。農家は、作った米を供出しなければならず、米を買う場合には、一人当たりの配《はい》給《きゅう》の量が決められていた。

平之《なりゆき》の家でも、食糧事情が大きく変わった。家で食べる米は少なくして、三度の食事には、芋《いも》の量を増やした。康治《やすはる》兄さんも平之《なりゆき》も、芋の弁当を持って登校する。

毎日の生活に必要な品物も、自由に買えなくなった。

衣類、靴から、ノート、鉛筆などの文具用品まで、配給切符[1]がなければ買うことができない。ハンカチは二点、布団は三〇点、背広は六三点と、役場から支給された切符の点数の範囲内で買わなければならない。

軍艦や戦車から銃や弾丸まで武器を造るための材料として、金属でできた物の供出が求められた。公園の銅像から、家庭で使う鍋や釜《かま》、洋服についている金属製のボタンなどまで、回収がおこなわれた。家庭にある金属類の供出を奨励《しょうれい》する学校も少なくなかった。

入学した中学校の勉強は楽しかったが、平之《なりゆき》が想像していたよりもはるかに、軍事教練《ぐんじきょうれん》の時間が多く、内容も厳しかった。壕《ごう》を掘ったり、山からの木材運搬など、勤労《きんろう》動員[2]も頻繁《ひんぱん》だっ

1　戦中～戦後は物資が不足したため、政府が導入した生活必需品の配給を管理するために使われた。
2　戦時下において、政府が国民に強制的な労働を課すこと。主に軍需工場での作業や農作業に動員された。

た。

「こんなはずじゃなかったよ」

「もっと勉強がやりたいんだが」

口には出せないが、心のなかでそうつぶやく声が聞こえる。

体育の授業では、隊列を組んで、足並みをそろえる行軍の練習、藁《わら》人形を竹ヤリで突く練習、バケツを手わたして消火する訓練、防空頭巾《ぼうくうずきん》をかぶり目と鼻を両手でふさぎ、その場に伏せて爆弾や砲弾を避けるための練習などをした。濡《ぬ》れたタオルを目にあてて毒ガスをさける練習、手旗《てばた》信号[1]の練習、飛行機を組み立てて飛ばす競争もあった。

三中の倉庫には、銃剣が整然と並べられていた。そこで、一つずつ兵器を磨《みが》く作業をした。戦争になったら、この兵器で戦う、自分たちの命を守る武器なのだと、丁寧《ていねい》にやるよう命じられた。

平之《なりゆき》が三中に入学する直前の一九四四年二月、アメリカ軍の攻撃をうけてトラック島[2]が

1 明治期に日本海軍で考案された、右手に赤旗、左手に白旗を持っておこなう通信手段。
2 日本海軍の太平洋における一大拠点。アメリカ軍の空襲により軍事基地としての機能を失う。現在のチューク諸島。

陥落《かんらく》した。これは、最低限確保しなければならないとして定めた「絶対国防圏《こくぼうけん》[1]」の一角が崩《くず》れたことを意味する。アメリカ軍の進攻をくいとめるためには、沖縄の防衛が重要だという考えが、急速に強まった。

そして、三月二二日、戦争遂行のため陸軍・海軍を統率する大本営《だいほんえい》は、沖縄防衛《ぼうえい》を任務とする第三二軍（沖縄守備軍）を、新たに創設した。

学校生活が緊張《きんちょう》してきた背景には、そうした事情があった。

第三二軍の目標は、沖縄を航空基地にすることだった。全島に一五か所の飛行場を建設し、航空戦の基地にしようとした。それまでに多数の航空母艦《ぼかん》[2]が撃沈《げきちん》されており、それを挽回《ばんかい》するため、沖縄を「不沈空母《ふちんくうぼ》」にしようとしたのだった。第三二軍には空港建設とその守備が任《まか》された。

すでに前の年から計画されていた伊江島《いえじま》の飛行場建設がはじまり、人々が交代で動員された。大人の男性ばかりでなく、女性や老人までが伊江島に働きに行かされた。三中生にも、

1　太平洋戦争中に日本が本土防衛や戦争継続のために確保すべきと定めた地域。千島列島からマリアナ諸島、カロリン諸島、西部ニューギニア、ビルマ（現ミャンマー）を結ぶ線の内側を指す。

2　航空機をたくさんのせて、海上で発着させることができる軍艦。空母。

その役割が課せられた。

「明日から、勤労動員《きんろうどういん》で、伊江島《いえじま》に一週間出かけます」

康治《やすはる》兄さんがお父さんに伝えているのが、縁側《えんがわ》にいる平之《なりゆき》にも聞こえてきた。

今夜の月は明るい。庭に咲いている月桃《げっとう》の花の香りが家のなかまで広がってくる。

今日は、山の崖をけずり、土を運ぶ作業ばかりだった。そんな作業が毎日つづいていた。

「平之《なりゆき》、留守を頼むよ。軍の命令で、伊江島に飛行場を建設するそうだ。一年生はきっと行かないよ。ぼくたち、上級生が先に行き、その後、三年生と交代するらしい」

康治《やすはる》兄さんは、いつものようにおだやかに言う。

「三中に入学したけれど、もう勉強は無理なのかな……」

平之《なりゆき》は、つぶやいた。

「この非常時に、そんなことを考えるな。生きるか死ぬかで、前線の兵士たちは戦っているんだぞ」

康治《やすはる》兄さんは、強い口調で言うと、奥の部屋へ行ってしまった。

「そうだ。今は、教室で勉強しているときではないのだ。沖縄を守るために、みんなで力を合わせてがんばらなければいけないのだ……」

康治《やすはる》兄さんの言葉に、平之《なりゆき》は胸のなかでうなずいた。

三中生が動員される伊江島は、サトウキビ畑が広がり、花が咲き乱れる静かな村だったが、日本軍から、滑走路《かっそうろ》を三本造れと命令された。兵士ばかりではなく、村で集められた防衛隊員、老人や小学生たちまでかり出され、日の出から日の入りまで働いている。土を掘りおこし運ぶために、三中生も動員されることになったのだ。

康治《やすはる》たちは、港まで歩き、それから船に乗って島に行く。そして、泊まりこみで働いた。工事用の道具は、わずかな数のモッコ、ツルハシ、シャベルだけ。康治《やすはる》たちも、村人といっしょに、モッコを担《かつ》いで働いた。

四・五年生の組がもどると、次は三年生が出かける。交代の動員だった。


七月になって、日本政府は沖縄県に対し、老人や女性・子ども一〇万人を本土および台湾《たいわん》へ疎開《そかい》させるよう命令を下した。サイパン島の日本軍が全滅し、沖縄が戦場になるおそれが出てきたからだ。戦闘のじゃまになる老人や女性・子どもを退去させておくとともに、移動してくる軍隊の食糧を確保するためでもあった。

しかし、すでに沖縄近海の航海はアメリカの潜水艦によって危険になっていた。幼い子どもを、見も知らぬ本土へ行かせることに不安もあった。それでも、国の命令とあってはしかたがない。学校の先生や役場の職員などが必死で志願者をあつめ、八月中旬から疎開船《そかいせん》の運航がはじまった。

その矢先、悲惨《ひさん》な事件が起こる。

八月二一日の夜、那覇港《なはこう》を出て長崎に向かった対馬丸《つしままる》には、集団疎開の小学生八百数十人をふくめ、付き添《そ》いの教員や一般疎開者、乗組員など、あわせて千八〇〇人ほどが乗っていた。翌二二日深夜、トカラ列島の悪石島《あくせきじま》沖合でアメリカ潜水艦の魚雷《ぎょらい》が命中し、対馬丸は爆発・沈没《ちんぼつ》。船倉《せんそう》に閉じこめられたまま、あるいは真っ暗な荒れる海に投げ出され、一四八四人が死亡した。このうち、子どもの犠牲者《ぎせいしゃ》が七八四人にのぼるという。

軍は、箝口令《かんこうれい》をしいて真相を隠そうとしたが、うわさはしだいに広まる。

沖縄の人々にとって、戦争がいっそう切実《せつじつ》なものとなる事件だった。

第2章

中学生が兵士になる

先生をかこんで（沖縄三中 1942 年入学一年 B 組）
（「創立 30 周年記念誌～回想～三・三会」より）

EVEN CHILDREN BECAME SOLDIERS

①　軍隊の行進

一九四四年九月、三中生は、全員が名護《なご》の大通りに集合させられた。独立混成《どくりつこんせい》第四四旅団《りょだん》の主力、第二歩兵隊が名護に進軍してくる日だ。

「本当の兵隊になったつもりで行動せよ」

谷口配属将校《たにぐちはいぞくしょうこう》に率《ひき》いられて、大城幸夫《おおしろゆきお》たち三中の生徒は、校門を出てから一糸《いっし》乱れぬしっかりした足取りで行進し、名護の大通りまでやってきた。

すでに、町中の人々が集まって、通りの両側を埋《う》め尽《つ》くしている。

「まもなくやってくる部隊の先頭には、連隊旗《れんたいき》が掲《かか》げられている。諸君《しょくん》は、旗の先の菊《きく》の御《ご》紋《もん》に注目するように」

谷口《たにぐち》教官は、生徒たちの顔を一人一人食い入るように見つめながら、いつもより気持ちが高ぶっているような口調で訓示《くんじ》した。

生徒たちも、緊張《きんちょう》した面持《おもも》ちでうなずく。

これだけ大勢の軍隊の行進を、実際に見るのは初めてだ。

やがて、馬のひづめの音が地面を伝ってきたかと思うと、行軍部隊の靴音が、ヒンプンガジュマルの方から聞こえた。通りの東の外れにある樹齢《じゅれい》何百年かの大きなガジュマルの木は、名護《なご》の名物になっている。

「頭《かしら》っ右！」

号令がとどろいた。

名護の街角が、カーキ色の日本軍兵士の姿でいっぱいになった。

馬にまたがった軍服の宇土大佐《うどたいさ》は、恰幅《かっぷく》がよく、風格《ふうかく》があって堂々として見えた。

「立派なものだ。これで、名護は安心だ」

「沖縄は心配ない。大勢の兵隊さんが守ってくれる」

人々のささやく声が聞こえる。

宇土《うど》隊長のあとを、銃と軍刀で武装した徒歩の兵士たちが延々《えんえん》とつづいた。

ただ、兵士の中には、頭や手に包帯《ほうたい》を巻いた者たちが目についた。

第三二軍（沖縄守備軍）が目指したのは、沖縄全島に飛行場を建設し、その防衛《ぼうえい》をすることだった。そのための部隊として独立混成《どくりつこんせい》第四四旅団《りょだん》が編成《へんせい》され、兵士四六〇〇名をのせた富《と》山丸《やままる》が鹿児島港を出港した。しかし、富山丸は六月二九日にアメリカ潜水艦の魚雷攻撃《ぎょらいこうげき》をうけて沈没《ちんぼつ》、三七〇〇名が命を落としてしまう。

第二歩兵隊長・宇土武彦《うどたけひこ》大佐は、生き残った四〇〇名を率《ひき》いて七月七日に那覇港《なはこう》に上陸した。第四四旅団《りょだん》は、本土から新たに第一五連隊を加え、沖縄現地で召集《しょうしゅう》した兵士を補充《ほじゅう》して再編成《さいへんせい》された。

名護に進軍してきた部隊に包帯をした兵士が目立ったのは、そういう事情があった。

この時期、戦況はいっそう悪化していた。サイパン島をふくむマリアナ諸島が[1]陥落《かんらく》して、フィリピン・台湾《たいわん》から、さらに沖縄へのアメリカ軍侵攻《しんこう》の可能性がいっきょに高まった。

このため日本軍は、七月から八月のあいだに満州《まんしゅう》から第九師団《しだん》、中国戦線から第二四師団、第六二師団を移転させ、第四四旅団とともに沖縄本島に配備《はいび》した。沖縄は、一挙にカーキ色の兵士と軍用トラックが行きかう島に変わった。

そうしたなかで、沖縄本島の北部地域と伊江島《いえじま》飛行場を守る兵力として、第二歩兵隊を中心とする独立混成第四四旅団が進軍してきたのだ。

1　サイパン島は第一次世界大戦後、日本の統治領となり、多くの日本人が暮らす国防の要衝となっていった。一九四四年六月アメリカ軍は圧倒的な軍事力で上陸、住民を巻きこみ多くの犠牲者を出す。占領後ここがＢ２９爆撃機の出発地となる。

宇土《うど》大佐が率《ひき》いる第二歩兵隊を、人々は「宇土《うど》部隊」と呼んだ。部隊は伊豆味《いずみ》国民学校に本部を置いたが、三中の校舎も駐屯地《ちゅうとんち》として接収《せっしゅう》され、校門には小銃を持った衛兵《えいへい》が立つようになった。各地域の国民学校や第三高女も軍に接収された。

小学校から中学校まで、教室が自由に使えなくなり、公民館や、映画館、集会所などで授業がおこなわれた。教室での授業よりも、野外での軍事教練《ぐんじきょうれん》が多くなった。

「今日は、きつかったなぁ」

大城幸夫《おおしろゆきお》は、顔の汗をぬぐい、となりの比嘉親平《ひがしんぺい》に話しかけた。疲れきった顔つきで、親平《しんぺい》が相槌《あいづち》を打つ。

「おれもだ。足ががくがくだよ」

背中の方から東江新太郎《あがりえしんたろう》のつぶやきが聞こえた。

今日は、特に長い距離《きょり》の行軍だった。朝から銃を肩で担《かつ》ぎ、伊差川《いさがわ》から今帰仁《なきじん》の湧川《わくがわ》、そこから山を越えて名護《なご》にもどってくる、途中《とちゅう》の休憩《きゅうけい》が少ししかないコースだ。苦しい時間からようやく解放されて、全校生徒が、クラスごとに学校に帰るところだった。

軍事教練《ぐんじきょうれん》とは、軍隊での行進の仕方から兵器の使い方、戦争の歴史などを学び、戦争を実《じっ》践《せん》するための授業だ。それぞれの学校に配属された陸軍現役将校《しょうこう》の教官によっておこなわれた。

「ああ、黒板を見ながらの授業が恋しいぜ」

誰かがかすれた声で言うと、笑い声が波のようにさざめいた。幸夫《ゆきお》も、親平《しんぺい》も、新太郎《しんたろう》もつられて笑った。何日ぶりに笑っただろう。緊張《きんちょう》の毎日がつづいていた。少しだけ、体も心もゆるんだ気がした。


そんなある日のこと。

幸夫《ゆきお》たち三年生の物理の授業が、映画館であると聞いて集合した。

「えっ、ほんとうか」

生徒たちがどよめいた。

壇上《だんじょう》に現れたのは、配属将校の谷口《たにぐち》教官だった。軍服の上に、白衣を着ている。

教官は、なにごともないように、すぐに物理の授業をはじめた。

会場は水を打ったように静まり返った。

谷口《たにぐち》教官の活き活きした声だけが、広くひびきわたる。

いつもとはちがう口調に圧倒され、生徒たちは黒板の文字や図式を食い入るように見つめて、ひたすらノートをとった。

夢中になっていたら、あっというまに終業時間になった。

谷口《たにぐら》教官は、白衣を脱ぐと、またいつもの軍服姿の怖い顔になっていた。

「谷口《たにぐら》先生、軍人になる前は、もともと物理の先生だったんだ」

「おもしろい授業だった。またやってほしいなぁ」

幸夫《ゆきお》たちは、目を輝かせて言いあった。正直な気持ちだった。

だが、時とともに、黒板に向かう授業そのものが、少なくなってしまった。

さらに、飛行場建設と軍隊のための陣地《じんち》づくりに追われ、勤労《きんろう》動員がいっそうきびしくなっていった。

一〇月一〇日。

窓から朝日が差しこむ。空気がすきとおって、気持ちのいい秋晴れだ。

幸夫《ゆきお》はいつもどおり、お祖父《じい》さん、お祖母《ばあ》さん、お母さん、浩兄《ひろじ》さんや妹たちと朝ごはんを食べていた。お母さんと二人の妹は、夏前にパラオから沖縄にもどっていた。お父さんが一人、パラオに残った。

そのとき、突然、消防署のサイレンがけたたましく鳴り響いた。

「何だろう?」

「学校へ行ってみる」

浩兄《ひろし》さんが飛び出していった。幸夫《ゆきお》も、あわてて外に出て、海が見える場所まで走った。

本部《もとぶ》半島の上空では、銀色の翼の飛行機が編隊《へんたい》を組んで、急降下をくり返している。集まった人々は、日本軍の演習だと思った。敵の飛行機は、急降下できないと聞かされていたからだ。

ところが、幸夫《ゆきお》が名護湾《なごわん》に目をやると、湾内に入ってきた日本の軍艦に対して、数機の飛行機が襲いかかっている。

「あの星のマークはアメリカだ」

だれかが叫んだ。

たちまち軍艦は炎上し、黒い煙があがった。

「これはほんとうの戦争かもしれない」

幸夫《ゆきお》は急いで家にひき返した。

クラスメートの伊波満《いはみつる》は、名護湾《なごわん》から市街地へ向かって低空で飛んでくる飛行機を見て、一目散《いちもくさん》に山へ向かって走った。

名護大通りにさしかかるあたりで機銃掃射《きじゅうそうしゃ》[1]にねらわれ、反射的に道路わきに身を伏《ふ》せた。

名護国民学校に爆弾がおち、爆発音が人々を震《ふる》えあがらせた。

名護湾で炎上した軍艦は沈没《ちんぼつ》し、艦首とマストが水面に出ているだけの、無惨《むざん》な姿をさらした。手や足を吹き飛ばされ、血まみれになった兵士の遺体が運びこまれた。

飛行場建設中の伊江島《いえじま》への攻撃は特に執拗《しつよう》で、勤労動員《きんろうどういん》で作業に当たっていた青年学校の生徒たちが機銃掃射《きじゅうそうしゃ》をうけ、たくさん死亡した。焼夷弾《しょういだん》で黒焦げになった死体が収容された。

この日のアメリカ軍の攻撃は沖縄全島でいっせいに行われ、大きな被害が出た。とりわけ、那覇《なは》は一日中激しい爆撃を受け、琉球王朝《りゅうきゅうおうちょう》[2]時代からの歴史ある建物、町並みは大半が焼き尽《つ》くされ、焼け野原となってしまった。

人々は、沖縄がほんとうに戦争に巻きこまれることを、実感したのだった。

---

1 機関銃で敵を連続して射撃すること。
2 一四二九年に成立。一六〇九年薩摩藩が琉球侵攻、琉球王朝は支配下に置かれ、一八七九年琉球処分により王朝は滅亡する。

アメリカ軍の沖縄攻撃にそなえなければならないことがはっきりした。だが、大本営《だいほんえい》は一一月、アメリカ軍のフィリピン上陸に対処するため、沖縄を守る第三二軍のうち、精鋭《せいえい》の第九師団《しだん》を台湾《たいわん》へ移転させることを決定する。

兵力が少なくなった第三二軍は、アメリカ軍の上陸を水際でくい止める戦略をあきらめるほかなくなり、上陸したあとの持久戦《じきゅうせん》に持ちこむ戦略へと転換した。本土決戦の準備をするため、沖縄で少しでも長く戦争を続けようというのだ。

そのため、アメリカ軍の上陸が予想される中部・南部に兵力を集中配備することになる。首里《しゅり》周辺に第六二師団、島尻《しまじり》に第二四師団を配置した。そして、北部地域の防衛にあたることになっていた独立混成《どくりつこんせい》第四四旅団《りょだん》のなかから、精鋭の独立混成第一五連隊を南部の知念《ちねん》半島に移動させた。

したがって沖縄北部地域の防衛は、第四四旅団のうち第二歩兵隊を中心とした部隊にまかされることになった。一二月、これを国頭支隊《くにがみしたい》と名付け、第二歩兵隊長の宇土《うど》大佐が国頭支隊長となる。

「アメリカ軍の襲来にそなえて、兵力を増強しなければならない」

しかし、日本本土からの新たな戦力の補充《ほじゅう》がみとめられず、沖縄内部での動員が強められることになった。

すでに一九四四年から、全国で徴兵《ちょうへい》検査[1]の年齢が一九歳に引き下げられており、一九歳の男子が正式に軍隊に入隊した。

さらに、一一月に防衛召集《ぼうえいしょうしゅう》の規則が変えられ、戦闘のある地域では一七歳以上の男子を召集することができるようになった。これをうけて、沖縄ではさっそく兵力の不足を補《おぎな》うため、一七歳から四五歳までの男子が召集されて防衛隊が組織された。沖縄全体で二万五〇〇〇人といわれる。

また、沖縄の北部地方では、青年学校生を中心に一七歳・一八歳の地元青年を召集して第三・第四遊撃隊《ゆうげきたい》が組織された。これを「護郷隊《ごきょうたい》」と名付け、国頭支隊長《くにがみしたいちょう》宇土《うど》大佐の指揮下《しきか》においた。

そして、防衛召集は、沖縄だけの特別な規定として、志願があれば一四歳からでも可能と定められた。沖縄では、一四歳でも兵士にすることができるようになったのだ。

1　兵役法（一九二七年制定、終戦後に廃止）により兵役義務のある満二〇歳の男性に対して行われた。

② 通信兵

一九四五年になり、三学期がはじまった。

一月一九日。大城幸夫《おおしろゆきお》たちが、防空壕《ぼうくうごう》を掘る作業を終えて、学校へ帰ってきたときだった。

「三年生は通学用自転車置き場に集合」

先生から大きな声がかかった。

もともと五年制だった中学校は、四三年から四年制に変更《へんこう》になっていた。制度の移行期で五年生も在籍《ざいせき》していたが、海軍の飛行予科《よか》練習生[1]や陸軍の特別幹部候補生《かんぶこうほせい》に志願するものも増えて、残る生徒は五〇人に満たない人数になっている。四年生・五年生は三月に卒業式がおこなわれる予定で、中学での最後の授業と卒業後の軍隊入隊にそなえて軍事訓練がおこなわれていた。

四月からは、いまの三年生が最上級生になる。

「三年生だけ集合って、なんだろう」

1　航空機搭乗員の養成を目的として一九三〇年に創設。一四歳から一七歳までの少年が全国から試験で選抜された。

急いで自転車置き場に向かうと、記念図書館前の講堂に行くように言われた。

「今日は何か記念日だったか」

「特別な日ではないよ。何かの連絡だと思う。すぐ解散になるよ」

軽い気持ちで話しながら講堂に向かった。

しかし、その場に行ってみると、先生たちが背筋をピンとのばし、直立不動で立っている。

ただならぬ雰囲気だ。

「君たちは、一足先に軍の要請《ようせい》があり、明日から軍事教育をうけることになった」

配属《はいぞく》将校の教官、谷口中尉《たにぐちちゅうい》が他の先生たちより一歩前に出て、強い口調で言った。

すでに前年の一二月、各中学ごとに生徒を選抜して通信訓練を実施《じっし》することが決められていた。アメリカ軍の襲来にそなえて、三年生に通信兵としての訓練をさせておこうというわけだ。高等女学校では、看護の訓練がはじまった。

谷口《たにぐち》教官の訓示《くんじ》が終わると、各組の担任教師が、次々に生徒たちの名前を読み上げた。

「次の者は、通信隊《つうしんたい》に入って訓練をうける」

有線班一五人、暗号班一五人、無線班一七人の名前が読み上げられた。[1]

「これ以外の者は、四・五年生と同様、第二歩兵隊《ほへいたい》（宇土《うど》部隊）で軍事訓練を受ける」

「すぐに準備をして、明日の朝、図書館前に集合。二か月間の訓練に入る」

命令ひとつで、ものごとがどんどんすすんでいく。

翌朝、三年生は全員が図書館前の県道に集合した。

ただちに、第二歩兵隊で訓練を受ける一〇〇人は谷口《たにぐち》隊長に率いられ、隊列を組んで歩兵隊本部が置かれている伊豆味《いずみ》国民学校に向かって出発した。

通信班に指名された四七人は、学校の柔道場を宿舎にして、講堂や教室などで訓練がはじめられた。

最初は、無線班・有線班・暗号班がいっしょの教室で説明があり、軍隊にとって通信がいかに大切なものかの訓示があった。つづけて、秘密保持《ひみつほじ》など軍規《ぐんき》について、通信任務《にんむ》の基礎知識の講義がおこなわれた。

1　宮里松正著『三中学徒隊』は、班ごとに四七名全員の氏名を書いている。ただし、人数について、有線班は一五名とするものから一七名というものまで、暗号班は一三名から一五名、無線班は一七名から三〇余名と、資料・証言によって食いちがいがあり、総数は四七人から六〇余人まで幅がある。時間の経過のなかで、補充や異動があったのかもしれない。

それが終わると、無線班は河千田伍長《かわちだごちょう》に、暗号班は徳永兵長《とくながへいちょう》に、有線班は小塩《こしお》伍長・萩本《はぎもと》兵長に引率《いんそつ》され、それぞれの業務についての専門的な教育をうけることになった。

無線班になったのは、大城義雄《おおしろよしお》、大城良夫《おおしろよしお》、仲村宏春《なかむらひろはる》、東江新太郎《あがりえしんたろう》、座喜味盛正《ざきみもりまさ》、宮城光吉《みやぎみつよし》、宮城造《みやぎはじめ》、宮城有章《みやぎゆうしょう》、饒波照文《ぬはてるふみ》たち。無線機のしくみや操作をみっちり仕込まれた。

暗号班になったのは、宜保栄《ぎぼさかえ》、前田泰弘《まえだやすひろ》、国吉真康《くによししんこう》、国吉真昭《くによししんしょう》、玉城一昌《たまきかずまさ》、識名盛敏《しきなせいびん》、金城勇《きんじょういさむ》たち。宮城県で教師をしていたという徳丸中尉《とくまるちゅうい》のもと、長友上等兵《ながともじょうとうへい》が主に授業を担当し、後藤《ごとう》一等兵が助手をつとめた。独特な数字の書き方からはじまり、暗号解読の方法まで覚えることがたくさんあった。一般の人が知らない暗号を教えられるので、優越感《ゆうえつかん》がくすぐられた。それだけに、「秘密保持《ひみつほじ》」は徹底的《てっていてき》に注意され、部外との接触《せっしょく》も制限された。

有線班《ゆうせんはん》に配属《はいぞく》されたのは、大城幸夫《おおしろゆきお》はじめ、比嘉親平《ひがしんぺい》、安谷屋晋作《あだにやしんさく》、伊波満《いはみつる》たち。宇土《うど》部隊の小塩伍長《こしおごちょう》・萩本兵長《はぎもとへいちょう》から電話機の構造、取り扱い方、モールス信号[1]、電話線の架線《かせん》方法、手旗《てばた》信号などをみっちり仕込まれた。

専門的な勉強がたくさんあった。電信・電話の基礎知識から九二式携帯電話機[2]の構造と

1　電気信号が短い「・」と、長い「―」を組み合わせたモールス符号を文字の代わりに使う通信手段のこと。

2　一九三二年に制定された軍用の有線電話機。アルミと木の箱型で重量約四キロ、革製バッグに入れて持ち運んだ。

回路方式、モールス信号、校外に出て電話線をつなぐ演習などが、完全にできるようになるまでくり返しおこなわれた。その上、豆テストも毎日あって、短期達成で鍛《きた》えられた。

「こんなにがんばって勉強したのは、はじめてだな」

「よくやったなぁー」

柔道場で寝泊まりしながらの合宿生活だ。

「通信隊に配属《はいぞく》された自分たちは、戦争が終わって学生生活にもどったとき、試験時にモールス信号で連絡したら、カンニングができて、いい成績がとれるよ」

「おれたち、ほんとうにまじめに勉強した。これまで以上に、いいクラスになると思うよ」

「そうだな。これからが楽しみだ」

厳しい訓練の勉強が終わると、夕刻《ゆうこく》には気持ちがゆるんで、にぎやかなおしゃべりに笑い声も広がった。


学校内での教育も一週間経った一月の末、無線班の生徒たちは、伊豆味《いずみ》国民学校に移動し、山間部での実地訓練がはじまった。

一方、有線班と暗号班は、二月初めに八重岳《やえだけ》の北側の谷間に移って、実地訓練を継続することになった。第二歩兵隊《ほへいたい》は、戦闘にそなえて本部をここに移動していた。

そこは茅《かや》ぶきの三角兵舎《へいしゃ》が杉林の中に建ち並んでいて、手前の電信隊の兵舎につづいて三中生の兵舎がつくられていた。真ん中の入口の奥に土間《どま》があり、右側が暗号班、左側が有線班の部屋になっている。有線班は人数が多いので、大城幸夫《おおしろゆきお》は、大城富雄《おおしろとみお》、比嘉親平《ひがしんぺい》とともに、暗号班と同じ部屋の奥まったところに寝ることになった。

八重岳《やえだけ》に移動した次の日、幸夫《ゆきお》たち有線班は、真部山《まぶやま》に設けられている通信壕《つうしんごう》を訪ねた。真部山は八重岳と峰《みね》つづきで、戦闘になったときにはここを拠点《きょてん》に戦う予定になっている。

兵舎前に整列すると、やがて一段上がったところに通信隊の隊長、東郷少尉《とうごうしょうい》が現れた。「頭《かしら》ッ右、直《なお》レ」で班長は人員と移動状況を申告《しんこく》、そのあと東郷隊長の訓示《くんじ》を受けた。

東郷《とうごう》隊長は、熊本の中学校では体育教師だったといい、自分が軍隊に召集《しょうしゅう》されたとき長男は君たちと同じ中学三年生だったと話してくれた。最初は軍隊口調だったのに、いつのまにか体操の授業でもやっているような調子で目を細めながらしゃべった。最後は、御国《おくに》のために尽《つ》くすよう強調して訓示を終わった。

「通信隊は軍隊にとって、命令伝達をする重要な部隊である」

東郷《とうごう》隊長の言葉に、少年たちは、大きくうなずいた。

その後、八重岳本部にもどり、午後は伊豆味《いずみ》に下り、ビワ畑の中に建っている被服《ひふく》倉庫で軍服や軍靴《ぐんか》が支給された。

それを持ち帰って着替えたら、暗号班のメンバーに羨《うらや》ましがられた。

なぜ有線班だけが軍服を支給されたのかは、すぐにわかった。

次の日から、さっそく軍服を着た有線班の少年兵たちは、先輩の兵士に率いられ、八重岳の本部と各中隊の陣地《じんち》を電話線でつなぐ作業に走りまわることになる。

「いいか、自分でつないだ電話線が、どこを通っているか、しっかり頭の中に入れておくんだぞ」

戦闘がはじまり爆撃で電話線が切断されるような事態になっても、すぐに修理できるよう配線の状況を覚えておかなければならない。八重岳の山麓《さんろく》を歩きまわり、陣地《じんち》の位置を頭に入れるため各中隊をまわった。

高い木に登って枝先を切り、白い碍子《がいし1》を埋《う》めこみ、電話線をつないでいく。ときおり見下ろすと、名護《なご》の街、三中校舎のあたりが見えた。

家族の顔がうかんでくる。

1 電気を絶縁し、電線を支えるための器具のこと。

「春休みになれば訓練も終わって家に帰れる。それまでのしんぼうだ」
口には出せないが、幸夫《ゆきお》は、自分にそう言い聞かせて作業にあたった。

朝は起床ラッパで起きて点呼《てんこ》をうけ、交代で食事当番をした。食後の片づけの間、当番以外は全員で工具の点検準備をして班長が来るのを待つ。班長が現れるとあいさつし、作業種目や注意事項が言いわたされ、仕事についた。

にぎりめしと薄い味噌汁。食べ盛りの少年たちは、いつもお腹をすかせていた。遠距離作業のときには、米と缶詰《かんづめ》をもっていき、適当な場所で自炊《じすい》して昼食をとった。民家にたのんで缶詰と交換して味噌汁をつくってもらったり、炊《た》き立ての芋《いも》を差し入れてもらったりするのが楽しみだった。

谷間の夕暮れは早くせまり、夕食後は炊事場《すいじば》手前の露天風呂に順番で入った。つらい作業の毎日だったが、就寝《しゅうしん》前のひととき、兵舎中央の土間に炉《ろ》があって、そこで火を焚き先輩兵士たちの中国大陸での自慢《じまん》話を聞くのも楽しみだった。

やがて夜の点呼《てんこ》があり、それから全員が自分の家がある方角に向かって正座し、両親にあいさつをする。一日を反省して消灯ラッパで眠りについたが、冬の八重岳《やえだけ》は冷えこみが激しい。毛布は一人に二枚しか支給されないので二人一組になり、一枚は敷《し》いて三枚は被《かぶ》って寝た。重労働と空腹との闘いはあったが、深い木々に囲まれた生活は、まだ戦場とは程遠かった。三週間後に沖縄戦がはじまることなど、予想もできなかった。

暗号班の仲間たちは、兵舎建築を急ぐため、資材運び、壕掘《ごうほ》りに駆《か》り出された。壕掘りはつらく、二人が午前五時から掘りはじめ、朝食のあとは全員が駆り出される。夜の十時ごろまで作業がつづいた。伊豆味《いずみ》の製材所からの材木運びや壕の坑木《こうぼく》にする木の伐採《ばっさい》、運搬《うんぱん》などもやらされた。

国吉真昭《くによししんしょう》は、八重岳の兵舎に移ってから、ほとんど本部の暗号室での仕事を命じられた。暗号には数種類の乱数表《らんすう》[1]があったが、最初に「どの乱数表の何ページの何行目、何番目から入れ」という指示がある。それにしたがって文章に替えていく作業だ。第三二軍本部とは四ケタ、多野岳《たのだけ》や恩納岳《おんなだけ》の護郷隊《ごきょうたい》とは三ケタの数字を使用して暗号通信をした。暗号にも軍暗号、部隊暗号、情報暗号の三種類あって、解読する時にわくわくしたのが情報暗号だった。戦果報告に使用されていたからである。

国吉《くによし》は、ずっと暗号の解読をしていたため、外での材木運びなどの任務は言われなかった

1　0から9までの一〇種類の数字を同じ確率で現れるように多く並べ表にしたもの。

が、将校《しょうこう》たちが詰《つ》める本部詰めは、緊張の連続の毎日だった。秘密保持《ひみつほじ》のため、他の級友たちと業務についての会話も禁じられているのがつらかった。

予定の二か月が過ぎた。三年生のうち歩兵隊《ほへいたい》で訓練をうけていた生徒たちは学校へもどることになった。四年生・五年生は、卒業式が予定されていた。

「歩兵隊のみんなは、訓練がおわったらしいぞ」

「そろそろ、おれたちも学校へ帰れるかな」

「四月から最上級生になるんだ」

「これだけ苦しい訓練をがんばったおれたちが最上級生になるんだから、三中はすばらしい学校になるよ」

通信班のメンバーは、口々にそう話しあっていた。

ところが、三月二〇日。隊長の言葉は思いがけないものだった。

「君たちの技術習得は実にすばらしかった。軍からの命令で、このまま通信任務に従事《じゅうじ》してもらうことになった。学校の了解もとってある。ただちに志願の手つづきをとってもらう」

これから各自自宅にもどり、書類に印鑑をおしてもらってくるようにという命令だ。

「不公平だ」

「なぜ通信班だけ訓練がつづくんだ」

「がっかりだけど、しかたないよ」

大城幸夫《おおしろゆきお》たちは、不満を述《の》べながらも、懐《なつ》かしいわが家へ急いだ。

その夜、幸夫《ゆきお》は久しぶりに、お祖父《じい》さん、お祖母《ばあ》さん、お母さん、妹たちといっしょに、食卓を囲んだ。

「無理をするんじゃないよ」

お祖母さんが言葉少なに、そうつぶやいた。

比嘉親平《ひがしんぺい》は、お母さんの手料理を食べ、ひさしぶりに布団に寝た。

明くる朝、お父さんに捺印《なついん》してもらった志願書をもって町役場に行った。看護訓練をうけていた顔見知りの女学生が三人、看護要員《かんごよういん》への志願の手つづきに来ていた。

家にもどると、お母さんが仏壇《ぶつだん》に線香《せんこう》をあげて、出征《しゅっせい》の祈願《きがん》をし、お土産《みやげ》のごちそうや油味噌などをもたせて、門の前で見送ってくれた。

安谷屋晋作《あだにやしんさく》も、村役場で手つづきを済ませ、村長室にいるお父さんに別れを告げた。

「家のことは心配するな」と言いながら、お父さんの目には涙が光っていた。

三月二二日の昼までには、遠方の生徒も手つづきを済ませ、八重岳《やえだけ》の兵営《へいえい》にもどってきた。

正式に軍へ入隊することになる。

班長が金色の紙袋を一人一人に手わたした。

「この中に、自分の髪の毛と爪《つめ》を切って入れるように」

戦死したときの遺品《いひん》となるものだ。みな緊張した面持ちで、名前と本籍地《ほんせきち》・現住所を記入してわたした。

「明日からは、それぞれの配属先《はいぞくさき》で任務につくことになる。みんなで集まるのは、これが最後になるかもしれない」

その夜は、班長を囲み、それぞれの家から持ち寄った食べ物と、水で薄めたお酒で宴会《えんかい》となった。だが、余興《よきょう》もいつものようには盛り上がらないまま、消灯となり床《とこ》についた。

翌朝から、アメリカ軍の大規模な爆撃がはじまることは、まだ誰にも予測できなかった。

③ 真夜中の召集

三年生のうち歩兵隊《ほへいたい》で訓練をうけていた一〇〇人余《あま》りは、三月中旬に学校へもどっていた。三月二一日から休暇《きゅうか》となり、呼び出しがある場合の連絡網を確認して、それぞれの家に帰った。

宮里松正《みやざとまつしょう》は、いよいよ呼び出しになったときは、覚悟《かくご》を決めねばならないと考えたが、家族を悲しませると思って口には出せないでいた。

だが、三月二三日、朝から空襲警報《くうしゅうけいほう》が鳴り響き、爆撃は夕方までつづいた。いよいよ、アメリカ軍が近づいてきたのだろうか。

学校から呼び出しがあったら軍隊に行かなければならないことを告げると、お父さんは、

「命を粗末《そまつ》にするな」

とだけ言って、大切にしている懐中時計《かいちゅうどけい》をくれた。

「兵隊でもないのに、どうしてお前まで戦争に行かなければならないの」

「中学生だから戦争に行けというなら、そんな学校はやめてしまえばいい」

お母さんとお祖母《ばあ》さんは、なかなか納得しなかった。

この日、春休みになっていた東江《あがりえ》平之《なりゆき》たち一・二年生には、集合の呼び出しがあった。

「卒業式かな?」

平之《なりゆき》はそう思いながら、空襲《くうしゅう》の中を、集合場所へいそいだ。

先生から、用紙が配られた。

「入隊の同意書に、親の印鑑をもらってくるように」

卒業式だと思っていた平之《なりゆき》は、びっくりした。

谷口《たにぐち》教官をはじめ、先生たちが居並び、厳《きび》しい表情で生徒たちを見つめている。

生徒たちは、ただちに、家へ帰った。

同意書を見せると、お父さんはしばらく目をつむったあと、無言のまま、判を押してくれた。

三月二五日、平之《なりゆき》は同意書を持って、四年生の兄康治《やすはる》とともに、指定された三中の避難壕《ひなんごう》に行き、さらに伊豆味《いずみ》国民学校の校舎に向かった。

「全学年に集合命令が出ています」

宮里《みやざと》松正《まつしょう》のところに友人から召集《しょうしゅう》の伝令がきたのは、二五日の夜七時ごろになってからだった。空襲のために、伝達が遅《おく》れたらしい。

お父さん、お母さん、お祖母《ばあ》さん、お姉さんと、それぞれ盃《さかずき》を交わし、祖先の位牌《いはい》にお祈《いの》りをした。家を出るとき、お父さんがひとことだけ言った。

「元気で帰ってこい」

指定された三中の避難壕に行ってみると、遅れた者は伊豆味国民学校へ集まるよう張り紙が出されていた。

遅れてやってきた学友たちと、山道をいそいだ。

夜中になって伊豆味校舎に着いた。

じつはこの直前、三月になってから、沖縄全島の中学校・師範《しはん》学校[1]・実業学校は学校ごとに鉄血勤皇隊《てっけつきんのうたい》を結成することが決められていた。軍と連携《れんけい》して軍事訓練をおこない、非常事態になった場合には、防衛召集《ぼうえいしょうしゅう》によって軍に編入《へんにゅう》するというものだ。すべての教職員と一四歳以上の生徒（通信訓練を受けている者をのぞく）は、鉄血勤皇隊に入隊することになった。ただし、一七歳未満の者は、志願書に保護者や校長の押印《おういん》が必要というのが規定だった。

1 おもに初等教育の教員養成のための学校。

そして、三月二六日。

家が遠く、遅《おく》れてきた生徒も全員がそろい、クラスごとに出欠がとられた。

校長先生はじめ、先生たち全員が、みんなの前に立った。その表情が、生徒たちには、暗くてはっきり見えなかった。

配属将校《はいぞくしょうこう》の谷口《たにぐち》教官が前に立って訓示《くんじ》した。

「すでに通信班の三年生は全員が、正式に軍へ入隊した。本日、全生徒で、第三中学校鉄血《てっけつ》勤皇隊《きんのうたい》を結成する」

防衛召集《しょうしゅう》が可能な一四歳以上の全生徒で鉄血勤皇隊をつくるということだ。

三中鉄血勤皇隊の隊長となる谷口《たにぐち》教官がつづける。

「敵の上陸が目前にせまっている。いまや国家存亡《そんぼう》の危機である。いまここに、我が三中鉄血勤皇隊は、祖国防衛の戦列に参加する。男子として、これ以上に名誉《めいよ》なことはない。祖国の不滅《ふめつ》を信じ、最後まで勇敢敢闘《ゆうかんかんとう》するよう希望する」

そして、一人ずつ、生徒の名前が読みあげられる。

「はい、お前は右。君は左だ」

その場で、二つのグループに分けられた。

一方の一四七人は、八重岳《やえだけ》に本拠《ほんきょ》をおく第二歩兵隊《ほへいたい》（宇土《うど》部隊）に、もう一方の一五〇人は、多野岳《たのだけ》に拠点《きょてん》をおく村上大尉《むらかみたいい》率《ひき》いる第一護郷隊《ごきょうたい》に、それぞれ配属されることになった。

三中鉄血勤皇隊のうち宮里松正《みやざとまつしょう》や古堅宗秀《ふるげんそうしゅう》、具志堅博《ぐしけんひろし》ら第二歩兵隊（宇土部隊）に配属された一四七人のグループは、谷口《たにぐち》隊長に率いられ、伊豆味《いずみ》校舎付近の山中で敵前訓練をうけたあと、三月三〇日には八重岳の北方三キロにある三〇二高地に布陣《ふじん》した。急造の爆雷《ばくらい》を背負って、戦車の下にとびこむ訓練が、くり返された。

宇土大佐が統率《とうそつ》する国頭支隊《くにがみしたい》は、伊江島《いえじま》地区に第二歩兵隊第一大隊（井川正《いがわただし》少佐）を中心とする兵士九〇〇名、名護《なご》・本部《もとぶ》半島地区に八重岳を拠点とする第二歩兵隊第二大隊（佐藤富夫《さとうとみお》少佐）など二四〇〇名の兵士がいた。多野岳の第一護郷隊（村上治夫《むらかみはるお》大尉）五〇〇名と恩納岳《おんなだけ》の第二護郷隊（岩波寿《いわなみひさし》大尉）四〇〇名も、国頭《くにがみ》支隊長宇土大佐の指揮下にあった。これに、防衛召集《ぼうえいしょうしゅう》された人々で組織された防衛隊が加わる。

東江平之《あがりえなりゆき》は、兄の康治《やすはる》とともに第一護郷隊に配属されることになった。一五〇人の仲間とともに、ただちに多野岳へ向けて出発した。

日本軍は、一九四四年七月にサイパン島が陥落《かんらく》したあと、アメリカ軍の進撃を後方で攪乱《かくらん》し、敗退後も抵抗《ていこう》をつづける遊撃戦《ゆうげきせん》[1]にそなえ、ニューギニアとフィリピンに第一・第二遊撃隊を創設した。謀略戦《ぼうりゃくせん》・諜報戦《ちょうほうせん》の訓練をうけた陸軍中野学校[2]の出身者が中心になって任務にあたった。さらに、沖縄で本土決戦の準備期間を長くするため第三二軍に持久戦《じきゅうせん》がもとめられるようになると、北部地域で第三・第四遊撃隊をつくることが決定する。

青年学校生を中心に召集《しょうしゅう》し、二つの部隊を結成して、宇土《うど》大佐の国頭《くにがみ》支隊の管轄《かんかつ》下においた。陸軍中野学校を卒業したばかりの村上《むらかみ》大尉が多野岳《たのだけ》に拠点《きょてん》を置く第三遊撃隊を統率し、岩波《いわなみ》大尉の第四遊撃隊が恩納岳《おんなだけ》に布陣《ふじん》した。これを、自分の故郷を護《まも》るための軍隊という意識をもたせるため、それぞれ第一護郷隊《ごきょうたい》・第二護郷隊と名付けた。遊撃戦のための部隊であることを敵に知られないようにするためでもあった。

三中の生徒たちは、多野岳にある村上《むらかみ》大尉の第一護郷隊（第三遊撃隊）に配属《はいぞく》された。

多野岳に向けて出発した東江平之《あがりえなりゆき》ら一五〇人は、木々のおい茂った険《けわ》しい山道を歩き、翌

1　ゲリラ戦とも言う。敵の不意をついて攻撃をしかける戦い方。
2　陸軍の秘密戦（スパイ取り締まり・スパイ活動・攪乱工作・プロパガンダ）専門の要員養成機関。

二七日には第一護郷隊の本部に到着した。

平之《なりゆき》たちには一人ひとり軍服がわたされた。

「本物の軍服だぁ」

「どうだっ、似合うかな」

少年たちは、目を丸くして、歓声《かんせい》をあげた。自分の体にあてててみて、大喜びした。

すぐに着替えるよう、上官から言われた。

「お前、ダブダブだぞ」

「なんだ、お前も」

見慣れないおたがいの姿に、笑い声が飛び交う。


次の日から、すぐに訓練がはじまった。

「お前たちは、もう中学生ではない。二等兵だ」

平之《なりゆき》は、隣《となり》の友達と顔を見合わせた。

「中学生ではない。おれたち、本物の日本軍の二等兵なのか……」

こうして平之《なりゆき》は、日本軍の兵士、最年少一四歳の二等兵になった。

訓練は、想像よりはるかにきびしかった。

「お前は、天皇陛下のために死ねるか！」

「ハイっ」

「声が小さい！」

「お前は死ねるか！」

「ハイ！」

「死ねるか！」

「ハイ！」

なんどもくり返された。

同じ答えをしていくうちに、考える力がなくなっていく。ただ、命令に従《したが》って叫んだ。お父さんのことも兄弟のことも、何もかも世界から消えていくような気がした。

翌日の晩、一五〇人の中から平之《なりゆき》たち一五人が選ばれて、村上《むらかみ》隊長のいる本部室に連れていかれた。小柄な下級生ばかりだった。

「遊撃戦《ゆうげきせん》でもっとも大切なのは、いかに正しい情報を集めるかということだ」

村上《むらかみ》隊長は、平之《なりゆき》らを情報収集の担当にするといい、五人ずつ三つの班に分けた。そしてそれぞれ出身地に近い場所に駐留《ちゅうりゅう》している部隊に配属《はいぞく》すると命令した。第一護郷隊《ごきょうたい》は、多野《たの》岳《だけ》のほか、名護《なご》岳《だけ》や久志《くし》岳《だけ》、乙羽《おっぱ》岳《だけ》などに分かれて陣地《じんち》を置いていた。

平之《なりゆき》は、名護《なご》の町に近い名護岳に布陣《ふじん》している油井《ゆい》少尉の部隊に所属することになった。

すぐに暗闇のなか、五人は木々の枝をかき分けながら、山中の獣道《けものみち》を歩き、多野岳から名護岳へ移動した。

「普段着《ふだんぎ》に着替えて街なかに行き、情報を集めよ」

油井《ゆい》隊長の命令で軍服は返納《へんのう》して私服に着替え、街の様子を探る任務についた。

三中の生徒が通信兵として、また鉄血勤皇隊《てっけつきんのうたい》として、正式に軍へ入隊したころから、名護の町は毎日のように、アメリカ軍の軍艦から飛んでくる戦闘機による爆撃をうけていた。建物が炎上し、人々は空襲《くうしゅう》を避けて防空壕《ぼうくうごう》や、山中に作っておいた避難小屋へ逃れた。

アメリカ軍の偵察機《ていさつき》（トンボ）がとびまわり、日本文や英文のビラを撒《ま》いていった。

情報収集の任務を命じられた東江《あがりえ》平之《なりゆき》たちは、あちこちを歩きまわって町の様子を探り、アメリカ軍が空から撒いたビラを集めて、油井《ゆい》隊長に報告した。

英語で書かれているビラに何が書いてあるのか、平之《なりゆき》にはわからない。

「ごくろうさま。今夜は、辞書を引きながら読まなきゃならんな」

油井《ゆい》隊長は、英文のビラをうけとると、そうつぶやいた。

どこかで聞いたことがある言葉だった。

夜、寝るときになって、平之《なりゆき》は、英語の先生が同じことを言っていたと思い出した。三中生になったばかりのころだった。

「辞書があれば、なんでも読めるようになるんだ」

あこがれの三中に入学したものの、軍事教練《ぐんじきょうれん》や勤労動員《きんろうどういん》ばかりで、少ししか勉強できていない。

勉強したいという思いがつのった。

第３章

米軍上陸

沖縄の海岸に押し寄せる揚陸艦
(沖縄県公文書館所蔵)

EVEN CHILDREN BECAME SOLDIERS

① 小さな二等兵

中学生たちが通信隊や鉄血勤皇隊《てっけつきんのうたい》として正式に軍隊に入隊させられたとき、すでに巨大なアメリカ艦隊が沖縄に向かっていた。少年たちは、満足な訓練をうける間もなく、十分な武器も与えられないまま，戦闘に巻きこまれることになる。

三月二三日に那覇《なは》の西方海上に浮かぶ慶良間《けらま》諸島を攻撃し占領《せんりょう》したアメリカ軍は、四月一日、ついに沖縄本島への上陸作戦を開始する。沖縄での凄惨《せいさん》な地上戦の幕が切って落とされた。

アメリカの沖縄作戦には、空母《くうぼ》・軽《けい》空母四〇隻《せき》、戦艦一八隻をはじめ、輸送船をふくめ一四〇〇隻の艦船が動員されていた。地上戦闘部隊だけで一八万余《あま》り、海軍部隊をふくめると五四万人という空前《くうぜん》の大兵力だった。

上陸地点となった中部西海岸（読谷《よみたん》・嘉手納《かでな》・北谷《ちゃたん》）は、この日、早朝から猛烈《もうれつ》な艦砲《かんぽう》射撃[1]と、艦載機[2]による爆撃がくり返された。艦砲四万五〇〇〇発、ロケット砲三万三〇〇〇発、

1　軍艦にそなえつけてある大砲。　2　軍艦にのせている航空機。

迫撃砲《はくげきほう》（砲身が短く軽量の大砲）二万二〇〇〇発が撃ちこまれた。そして八時半から、艦載機による援護《えんご》射撃をうけながら、上陸用の船と水陸両用の戦車を連《つら》ねて上陸が開始された。

首里《しゅり》に司令部をおいて持久戦《じきゅうせん》を計画する日本軍は、上陸に対してほとんど抵抗《ていこう》しなかった。アメリカ軍は北飛行場・中飛行場を占拠《せんきょ》、その日のうちに六万人が上陸を完了する。四月三日には東海岸に達し、中部地域で沖縄本島を南北に分断《ぶんだん》した。

このあと、アメリカ軍の主力は、首里城の地下に本拠《ほんきょ》を構えて中・南部に布陣《ふじん》する日本軍と、激しい攻防《こうぼう》を展開することになる。

それに並行《へいこう》して、アメリカ軍は、第六海兵師団《かいへいしだん》が海岸沿いに北上をつづけ、四月六日に早くも先遣隊《せんけんたい》が名護《なご》の南に位置する許田《きょだ》に到達した。夕刻には、揚陸船《ようりくせん》で戦車を上陸させ、名護市街に向かった。

四月七日。名護湾の海は黒く染まっていた。巨大な軍艦が湾内にあらわれ、しきりにうごめいている。

東江平之《あがりえなりゆき》は、名護城[1]の木立の陰に隠れて、軍艦の動きに目を凝《こ》らした。

1「ナングスク」という。名護湾を望む丘の上にあり、現在は公園として整備されている。石積みのない城跡。

「たしかに、四隻《せき》だ」

巨大な軍艦の何隻かが、かすかに動いて、停止する。この動きが朝からくり返されていた。名護岳《なごだけ》の西側山麓《さんろく》の端、平地との境目に位置する名護城跡は、急な斜面を登った先に鳥居が造られている。平之《なりゆき》は、そのわきの大木に寄り添うように立ち、姿をあらわした敵の軍艦を見つめていた。

「あっ、動いた」

平之《なりゆき》には、軍艦同士がおたがいに連絡をとり合っているように見える。

夕刻になって、四隻《せき》は距離をおくように大きく移動をはじめた。

空にはアメリカ軍の艦載機《かんさいき》がさかんに旋回《せんかい》し、飛び交っている。

そのなかを、巨大な軍艦から上陸用の舟艇《しゅうてい》が降ろされ、横一列に並んだ。爆音とともに、海から砂浜に次々と上陸してきた。その動きが、高台にいる平之《なりゆき》には、よく見えた。

「すぐに上官に知らせなければ」

平之《なりゆき》の体が木陰から一瞬、離れかけた。

「いや、敵の動きをもう少し、見てからだ」

平之《なりゆき》は、再び木立の影に身を寄せた。

「七十二、七十三……」

平之《なりゆき》は、上陸してくる舟艇の数をしっかりと記憶するためにつぶやいた。

「まちがいない」

平之《なりゆき》は、ただちに、名護岳の陣地《じんち》に向かって走った。

海上を進んできた舟艇は、陸に上がってもそのまま走行をつづけた。水陸両用艇だと上官が教えてくれた。生まれて初めて見て、とにかく驚いた。その水陸両用艇の数を、正確に数え、油井《ゆい》隊長に報告するのが、平之《なりゆき》に与えられた任務だった。

上陸の前に、アメリカ軍は何度も爆撃をくり返した。焼け野原になってしまった名護の市街を、アメリカ軍の兵士たちが、戦車の前に立ち銃を構えて進んでいく。その様子が、平之《なりゆき》の目に焼きついて離れなかった。


名護湾から上陸したアメリカ軍は、陸路を北上してきた部隊と合流して、巨大な勢力となった。戦車の群れは、爆撃による焼けあとが目立つ市街に侵入《しんにゅう》し、またたく間に占拠《せんきょ》した。

アメリカ軍は、三中校舎をはじめ、屋部《やぶ》国民学校、安和《あわ》国民学校など、名護の町にある学校の校舎に陣地を置き、戦闘の拠点《きょてん》を作りあげた。

山中に避難して住民がいなくなった建物を接収《せっしゅう》し、いくつものテントを広げて、戦いに必要な武器や食料の箱などを次々と運びこんでいる。

平之《なりゆき》たちは交代で、アメリカ軍の動きを見張り、名護岳陣地《なごだけじんち》の油井《ゆい》隊長に報告した。

アメリカ艦隊の望遠鏡は性能が良いらしく、こちらの動きを見て、正確に砲弾《ほうだん》を撃ちこんでくる。しかも、アメリカ兵がかなり近くまで歩きまわるようになった。

見張りといっても、命がけの緊張する任務だ。


次の日も、平之《なりゆき》はもう一人の仲間といっしょに、朝から名護湾の米軍の艦船のようすに目を凝《こ》らした。水兵たちが船の上で動いているのが見える。何をしているのだろう。上官に報告しなければならない。

そのとき、突然、艦砲射撃にみまわれた。逃げるように谷間に下り、さらに斜面を這《は》い上がって、多野岳の陣地へ向かおうとした。ところが、艦砲は追いかけるように襲ってくる。平之《なりゆき》たちの前に後ろに、砲弾が落下した。

「狙《ねら》われている！」

平之《なりゆき》は初めてそう思った。海上のアメリカ軍艦の動きが平之《なりゆき》によく見えるということは、向こうからも、平之《なりゆき》たちの動きが見えているということなのだ。

目の前で大木に弾が当たり、叫び声のような大きな音をたてて、幹《みき》が真ん中から割れて倒れた。その勢いで、二人の小さな体は、飛ばされて地面にたたきつけられた。

「もうだめだっ」

立ちあがって陣地への道を登ろうとしたときだった。目の前に、壕《ごう》のような穴が見えた。

次の瞬間、平之《なりゆき》たちは、そこに飛びこんだ。

「命拾いした……」

壕の中は誰もいなかった。やがて艦砲射撃の音はしなくなった。それでも二人は、おそろしくて、奥の暗闇の中に潜《ひそ》んでいた。

しばらくしてから、外に出て驚いた。たくさんの大木が弾を受けて、なぎ倒されている。

平之《なりゆき》たちは顔を見合わせた。足が震《ふる》えて、しばらくは歩けないほどだった。

「おれたち、殺されるところだった」

敵の力は強大だ。戦争の恐ろしさを平之《なりゆき》は初めて実感することになった。

②　初めての戦闘

米軍の名護侵攻《なごしんこう》から三日たった四月九日。

名護岳の中腹に設けられた見張り所では、真喜屋實昭《まきやさねあき》（五年——召集されたときの学年）、岸本津康《きしもとしんこう》（二年）、長嶺幸徳《ながみねゆきのり》（二年）の三中生三人が任務についていた。

上陸用舟艇《しゅうてい》を見たときの驚きを話し合っていた。

「おれ、戦車を生まれて初めて見た。びっくりしたよ」

「あの車列、相当あったぞ。そのあとから敵の兵士がつづく。全部あわせると二〇〇〇人はいたと思う」

「おれたち、これでだいじょうぶなのかと心配になった」

一日中見張りをつづけている。次の交代が、早く来ないか、気にしていた。お腹もすいてきて、眠気が襲ってくる。それを必死でこらえるように、言葉を交わした。

前夜から小雨が降りつづき、山々の緑が雨雲におおわれて、あたりが見えにくくなっている。

「この天気じゃ、敵の動きも鈍《にぶ》るだろう」

ところが、突然の出来事だった。

すぐ近くで、英語が聞こえたかと思った、つぎの瞬間。アメリカ兵の一団が足音もなく、姿を現した。

「あっ」

真喜屋《まきや》は、とっさに銃を構えたが、間に合わない。

　ババーン　ババーン
アメリカ兵のほうが、一瞬早かった。

彼らは、少年たちに向かって、自動小銃を撃ちまくった。

激しい銃撃音が霧《きり》のような分厚い雨雲を突き破り、響きわたった。

「見張り台のほうだ！」

陣地《じんち》にいた平之《なりゆき》たちが、銃声を耳にして、すぐ現場に駆けつけてきた。

だが、もう遅かった。

真喜屋《まきや》、岸本《きしもと》の二人は即死状態。

少し離れて、うめき声がする。顔も体も血だらけになった長嶺《ながみね》だ。

「だいじょうぶか！」

長嶺《ながみね》は、先輩たちが撃たれたとき、自分の手榴弾《しゅりゅうだん》を敵に向かって力いっぱい投げつけたのだという。

ところが、それが大木の幹《みき》にぶつかって炸裂《さくれつ》し、跳《は》ね返ってきてしまった。

「畜生《ちくしょう》！　畜生！　こん畜生！」

全身、血だらけになって倒れても、長嶺《ながみね》は叫びつづけている。

「しっかりしろ」

油井《ゆい》隊長は、長嶺《ながみね》を陣地まで運ぶよう指示した。

真喜屋《まきや》と岸本《きしもと》の遺体は、見つかりにくい場所を探して埋葬《まいそう》した。

鉄血勤皇隊《てっけつきんのうたい》の仲間の、初めての戦死者だった。重苦しい空気が支配する。

「水が飲みたい。水をくれ」

瀕死《ひんし》の重傷を負った長嶺《ながみね》は、さかんに水をほしがった。だが、水を飲ませると死んでしまうと先輩が言う。

「がんばってくれ」

平之《なりゆき》は、はげますほか、何もしてやれなかった。


アメリカ軍の展開は、想像をこえて急速だった。名護《なご》市街に近い名護岳のふもとは、あっという間に、アメリカ軍の勢力下に入ってしまった。このままでは危険だ。

村上《むらかみ》隊長からは、名護岳を撤収《てっしゅう》して、護郷隊《ごきょうたい》の本拠《ほんきょ》がある多野岳《たのだけ》へ移動するよう命令が出された。

油井《ゆい》隊長の部隊は、夜間、あわただしく多野岳《たのだけ》へ向かうことになった。怪我《けが》をしている長嶺《ながみね》を戸板に載せて、平之《なりゆき》たちが四人で担《かつ》いだ。

真っ暗な森の中。道のないところを、枝をかきわけながら必死で歩いた。

怪我人を担ぐ平之《なりゆき》たちは、どんどん遅れていく。

戸板の上でうめく声は、やがて聞こえなくなった。

「だいじょうぶか！　がんばってくれ！」

担いでいた平之《なりゆき》の体に、急にガクッと重みがかかった。

「長嶺《ながみね》！　長嶺《ながみね》！」

戸板を置いて必死に呼びかけたが、返事はなかった。

長嶺《ながみね》は息を引き取っていた。

油井《ゆい》隊の一行は、闇の中をはるか先に行ってしまっている。

平之《なりゆき》たちは、敵に踏み荒らされない場所を選び、穴を掘って、寝かせるように長嶺《ながみね》を埋葬《まいそう》した。

先に行ってしまった一行を追いかけようとしたが、追いつかない。

道もない、深い森の中だ。いつの間にか、はぐれてしまったらしい。集合場所さえもわからない。教えてもらっていなかった。

多野岳に行けば、同じ護郷隊《ごきょうたい》にいる兄の康治《やすはる》に会えるはずだが、その道がわからなかった。

所属していた名護岳陣地《なごだけじんち》の仲間の姿は、誰ひとり見えない。

いつの間にか、比嘉健友《ひがけんゆう》と二人きりになってしまった。

「おれたち、どうしよう。どうなるんだろう」

おろおろとあたりを見回した。

おいてきぼりにされてしまった、見捨てられてしまったのではないかという思いが、平之《なりゆき》たちの気持ちを閉ざしてしまった。

その夜、健友《けんゆう》と二人で野宿をした。

翌日、平之《なりゆき》は、もとの陣地《じんち》にもどってみた。だが、油井《ゆい》部隊の人影はなく、それどころか、自分たちの陣地《じんち》はアメリカ軍によって、完全に破壊されてしまっている。

「どこへ行ったらいいのか……」

二人は、途方《とほう》にくれた。帰る場所は、どこなのか。

「ともかく、家族や地域の人たちを探してみよう」

いつの間にか、平之《なりゆき》たちは、そのまま、軍隊から離脱《りだつ》することになってしまった。

「喉《のど》が渇《かわ》いた」

「谷のほうへ降りていこう」

山の水は、低いところを流れていく。

飲み水を求めて、山を下っていくと、一番低いところに、湧《わ》き水が流れていた。

ところが、その小さな谷川のまわりには、たくさんの人々がひしめいて、足の踏み場もないほどだった。子どもの泣き声、親や子どもを探す人たちで混乱している。

平之《なりゆき》たちは、長い時間待って、なんとか隙間《すきま》に入りこみ、やっと飲み水を口にできた。

アメリカ軍がやってきてから、名護《なご》の町も、やんばるの山の中も、すっかり変わってしまっていた。

空襲《くうしゅう》と砲撃《ほうげき》で市街の中心部は焼け野原となり、人々は山に逃げこんだ。谷間や林の中に避難小屋をつくって生活をはじめた。

やんばるには、すでに中・南部から来た避難民が数多くいた。アメリカ軍が上陸する前から、中・南部の人々九万人余りを北部地域に避難させようという「やんばる疎開《そかい》計画」が動き出していた。割り当てられた地域に、避難してきた人たちだ。男たちは防衛召集《ぼうえいしょうしゅう》でかりだされているから、子どもを抱えた女性と老人が多かった。

南部から野宿をしながら歩きつづけ、やっとたどり着いた人たちは、アメリカ軍が北部地域にも進攻《しんこう》してきたため、地理もわからないまま山中に逃れた。

平之《なりゆき》の目に飛びこんだのは、こうしたやんばるの山々の森や原野に群れをなしてひしめく人々だった。

十四、五人の家族たちが固まって歩いている。小さい子どもの手をひいている母親、子どもたちはもう何日も食べていないようすで、元気がなく、目もうつろだ。その後には、杖《つえ》をついたおばあさんが必死になってついていく。寝るところも食べる物もない。どこに逃げたら命が助かるのか、それさえもわからないのだ。

海に停泊《ていはく》したアメリカ軍艦の大砲が、やんばるの山々に向かって襲いかかってくる。巨大な鉄の砲弾が木々や山肌や人々にぶち当たり、炸裂《さくれつ》する。

平之《なりゆき》たちが畑の中を歩いていくと、あぜ道に赤ん坊を抱いた若い母親が座りこんでいた。赤ん坊は、もうお乳をのむ力はない。それでも母親は、懸命《けんめい》にお乳を与えようとしている。

小さいころから、兄さんといっしょに、薪《たきぎ》を取りに来ていた。薪になる枝や、丸太を束《たば》にすると、あとはみかんをもいで食べたり、キノコ狩りをした。

そんな楽しい思い出がいっぱいのやんばるは、もうどこにもなかった。

アメリカ軍の砲撃《ほうげき》を逃れて避難生活に入った父や妹、地域の人たちはどこにいるのか。

平之《なりゆき》たちは、多野岳《たのだけ》の護郷隊《ごきょうたい》にいる兄康治《やすはる》や仲間たちのことを思いながら、家族を探して山野をさまようことになった。

③ 無線からの声

宇土《うど》部隊の本拠《ほんきょ》、八重岳《やえだけ》では、勤皇隊《きんのうたい》の仲間たちより一足先に正式に入隊していた通信班の三年生が、入隊と同時に、激しい砲撃の下を駆けまわる日々をつづけていた。

一月から通信訓練をうけてきた三年生は、そのまま宇土《うど》部隊の通信兵になったが、その直後から、沖縄全土への激しい艦砲射撃《かんぽうしゃげき》がはじまった。

大城幸夫《おおしろゆきお》たち八重岳の通信隊の兵舎に陣取《じんど》る有線班は、本部と各中隊や見張り所などを電話線でつなぐ作業をしてきた。

艦砲射撃に加え、艦載機による空襲も日を追って激しくなり、彼らが山中に張り巡《めぐ》らした電話線は切れぎれになった。陣地《じんち》の間の通信が途絶《とだ》えたら、戦いはできなくなる。

「有線班、ただちに出動せよ！　電話線の修理だ」

電話線切断の知らせが入ると、幸夫《ゆきお》たちは、先輩兵士と二人で組になり、飛び出していかなければならない。出動の時は、全身が震《ふる》えた。

空襲や艦砲の下で、回線が切断した箇所《かしょ》を見つけ出し、わずかな合間を縫《ぬ》って木に登り、切れた電線をつなぎあわせなければならない。

有線班は、真っ先に戦争の最前線にたたされてしまったのだ。

四月一日のアメリカ軍上陸のあとは、彼らの役割がいっそう大きくなった。

これまで、電話線は高い木の間を白い碍子《がいし》でつないでいたが、これは敵の飛行機に見つかりやすく安全ではない。

「白い碍子をやめて、茶色のねじこみ碍子に切り替える」

切り替え作業が命令された。松の大木によじ登り、枝の先を切り落として、そこに新しい碍子をねじこみ、電話線をつないでいく。

作業は歩兵大隊の先輩兵士と有線班の中学生のうち、どちらか一人が木の上に登る。

「いや、わしは高いところは苦手なんだ。学生さん、頼みますよ」

幸夫《ゆきお》は、木登りが得意だったから、スルスルと高いところまで登り、手早く電線を木から木へとわたしていった。

この合間にも、敵機が飛んできた。見つからないように、木にしがみついて、息を殺して飛び去るのを待った。二〇機ほどの編隊《へんたい》で通りすぎることもあった。操縦士《そうじゅうし》の目や鼻がはっきり見えるほどだ。

上空を偵察機《ていさつき》が旋回するときは、飛び去ったあと、きまって艦砲射撃《かんぽうしゃげき》がある。偵察機の情報にあわせて、正確に撃ちこんでくるから、作業をいそがなくてはならない。

七日にアメリカ軍が名護《なご》を占領《せんりょう》すると、爆撃はさらに激しさをました。

「高架《こうか》配線では敵に見つりやすい。敵に見つからないよう、雑木林《ぞうきばやし》のなかに電話線をつなぎ直せ」

またまた工事を変更《へんこう》せよとの命令が出され、切り替え作業が忙しくなった。

断線《だんせん》の被害が続出し、壕《ごう》にもどって待機《たいき》する時間もなくなった。敵機に見つからないようグループごとに林の中で待機し、連絡が入るとすぐに現場へ駆けつけられるようなやり方をしなければならなくなった。

四月九日になって、大城幸夫《おおしろゆきお》たち有線班は、八重岳《やえだけ》の兵舎から真部山《まぶやま》の通信壕《つうしんごう》へ移動するよう命令をうけた。アメリカ軍との戦闘がはじまったら、尾根でつながる真部山に立てこもって戦うことになっている。いよいよ決戦がせまっていた。有線班の中学生たちは、荷物を背嚢《はいのう》につめ、通信機を持って、真部山に造られた通信壕に向かった。

無線班の仲間たちは、すでに伊豆味《いずみ》国民学校校舎からここに移動してきていて、戦闘にそなえて強力な陣地《じんち》を造るため、壕掘《ごうほ》りの作業をしていた。一日二交代での突貫《とっかん》工事で、大きなハンマーを振るい、のみで穴をあけてダイナマイトをつめ、爆破するという重労働だった。

「いよいよ戦争がはじまるな」

久しぶりに顔をあわせた無線班の宮城造《みやぎはじめ》は、陣地づくりの土運びをしていた。小さな声で話しかけると、どんなにつらい仕事でも黙々《もくもく》と働く造《はじめ》は、笑顔でうなずいた。

つづいて、暗号班も八重岳《やえだけ》から移動してきて、壕内の暗号室でランプのもと暗号解読の作業にあたることになった。

夕食のあと、幸夫《ゆきお》たちは通信壕の外に出て、名護《なご》の町が一望《いちぼう》できる場所に行った。

名護は完全に占領《せんりょう》されてしまったが、暗闇のなかに明かりが点在していた。アメリカ軍の明かりだ。

「あれは、三中だ」

誰かが声をあげた。

自分たちの最後の心の拠《よ》り所だったが、いまでは敵軍に乗っ取られてしまっている。

敵の手に落ちた我が校舎、我が町。

悔《くや》しさがこみ上げる。

三中の近くに、幸夫《ゆきお》の祖父母の家があるはずだが、そのあたりは、真っ暗だった。焼けてしまったのだろうか。

「お祖父《じい》さん、お祖母《ばあ》さんたちは、どこへ逃げただろうか。お母さんと妹たちはだいじょうぶだろうか」

アメリカの艦砲《かんぽう》の威力《いりょく》は想像以上だった。それにひきかえ、自分たちには単発の銃も与えられていない。

それでも、学徒兵たちは、何度も言い聞かされた言葉を疑うことはなかった。

「日本は必ず勝利する。必ず友軍《ゆうぐん》が助けに来てくれる。神風《かみかぜ》が吹いて、吹いて、吹きまくって、アメリカ軍をこっぱ微塵《みじん》にしてくれるはずだ」

鉄血勤皇隊《てっけつきんのうたい》のうち宇土《うど》部隊に配属《はいぞく》された一四九人は、谷口《たにぐち》隊長に率いられ、三〇二高地に布陣《ふじん》した。八重岳《やえだけ》から見ると、伊豆味《いずみ》街道をはさんで、北方三キロの地点にある。ここで、戦闘にそなえて訓練をつづけながら、陣地《じんち》造りを急いでいた。

上陸したアメリカ軍は、名護《なご》市街を占領《せんりょう》すると、ただちに羽地《はねじ》方面に進出して本部《もとぶ》半島を他の地域から切り離した。宇土《うど》部隊のいる八重岳と護郷隊《ごきょうたい》のいる多野岳《たのだけ》の行き来はできなくなった。さらに、伊豆味街道に沿って西方に軍を進める一方、一〇日には西岸の渡久地《とぐち》に上陸した部隊が、東方に向かって進撃をはじめた。八重岳を四方からとり囲む作戦だ。

四月一〇日の夕方、伊豆味国民学校が占拠《せんきょ》されたという情報が入った。三〇二高地の鉄血勤皇隊に対して、斬《き》りこみ攻撃の命令が下る。初めての実戦の命令だ。新城正憲《あらしろせいけん》（五年）・仲宗根清《なかそねきよし》（五年）・幸地準一《こうちじゅんいち》（四年）・稲福嗣栄《いなふくしえい》（四年）・宮里松正《みやざとまつしょう》（三年）・島繁勇《しまはんゆう》（三年）・仲地英晴《なかちひではる》（三年）ら三〇人が攻撃隊に選抜された。日暮れを待って、谷口隊《たにぐち》長に率いられ出撃することになった。

慣例《かんれい》にしたがい、出撃の前には、恩賜《おんし》のたばこ[1]が配られた。中学生たちは、これまで、たばこをすったことがなかった。出撃の緊張と、晴れがましいような気持ちで、印刷された菊の御紋章《ごもんしょう》が消えるまで、ぷかぷかとふかした。大人になったような、一人前の兵士になったような気持ちがした。

「見ていろよ。アメリカなんか、かんたんにやっつけてやる」

武器は単発の小銃、手榴弾《しゅりゅうだん》、戦車攻撃のための爆雷《ばくらい》だけしかないが、意気盛んだった。

しかし、闇夜のなかを、国民学校校舎の裏の土手まで近づいたところ、突然、数十発の砲弾《ほうだん》が撃ちこまれた。

学徒兵たちは、おどろいてその場に伏《ふ》せた。連続して砲弾が炸裂《さくれつ》し、土砂が降り注いだ。

1　天皇から与えられた、皇室特注の紙巻きたばこ。

敵の攻撃に手も足も出ない。なんの抵抗《ていこう》もできなかった。

翌日、八重岳《やえだけ》の本部へ報告に行った帰り、アメリカ軍五、六〇人の一隊に遭遇《そうぐう》した。

敵が勢いよく自動小銃を撃ってくるのに対し、こちらは単発の小銃のほかは、手榴弾《しゅりゅうだん》しか持っていない。後方にいた海軍の部隊が機関砲《きかんほう》を連射してくれたので、あやうく窮地《きゅうち》を脱し、三〇二高地に帰還できた。

三〇二高地と、その東隣《どなり》に護郷隊《ごきょうたい》の一部が布陣《ふじん》する乙羽岳《おっぱだけ》は、すでにアメリカ軍の勢力下に入ってしまっていた。一一日になるとアメリカ軍の部隊が乙羽岳を攻撃し、護郷隊は激戦のすえ多数の戦死者を出した。

宇土《うど》隊長の命令で、三〇二高地と乙羽岳は撤収《てっしゅう》することになった。

一二日の早朝、深い霧《きり》のなか、勤皇隊《きんのうたい》の三中生は三〇二高地を後にした。日が昇って霧が晴れると、アメリカ軍の偵察機《ていさつき》に発見され、艦砲《かんぽう》の集中射撃を受けながら、八重岳の連隊本部にたどり着いた。

勤皇隊は、宇土《うど》部隊の各中隊に分散して配属《はいぞく》されることが決まった。

「死ぬときは、三中生としていっしょに死のう」

そう話し合ってがんばってきたのに、願いはかなえられなかった。

三中生は、先輩兵士たちに交じって、各中隊にばらばらに配属され、アメリカ軍の攻撃にそなえることになった。

そんな四月十二日のこと。

無線班の壕《ごう》では、玉城繁《たまきしげる》が、触れてはいけないといわれていた無線機のダイヤルを、こっそり回してみた。突然、アメリカ側からの日本向け放送が飛びこんできた。

「アメリカ合衆国のルーズベルト大統領が死亡しました」

歯切れのいい日本語のニュースだった。

通信班の仲間たちは、これを聞いて、小躍《こおど》りした。

「これで、我々は一気に有利になるぞ」

「なにしろ、大統領が死んだんだ。敵はいっぺんにやる気をなくすよ」

このニュースは、またたくまに、宇土《うど》部隊の拠点《きょてん》の八重岳本部、護郷隊を率《ひき》いる村上《むらかみ》隊長の多野岳陣地《たのだけじんち》をかけめぐった。

すぐに英文の宣伝ビラをつくり、名護《なご》を占領《せんりょう》しているアメリカ軍のあいだに撒《ま》いた。アメリカ兵たちの士気《しき》を、こっぱ微塵《みじん》に打ち砕こうというのだ。もう勝利も同然だという気がした。

「これで、敵は大混乱になるぞ」

「まちがいなし！」

「ヤッタァー」

だが、アメリカ側の勢いが弱まることはなかった。八重岳《やえだけ》への本格的な攻撃がはじまろうとしていた。

第４章

失われる命

戦場になった山々（沖縄県公文書館所蔵）

EVEN CHILDREN BECAME SOLDIERS

①　砲弾の嵐

八重岳《やえだけ》にたてこもる宇土《うど》部隊は、アメリカ軍によって完全に包囲された。巨大な敵を前にして、兵士たちに緊張がはしる。

兵器の差はだれが見ても明らかだった。中学生には、銃もいきわたっていない。手榴弾《しゅりゅうだん》が配られているだけだ。

学徒兵たちは、押しつぶされそうな気持ちをこらえながら、命令にしたがって戦闘の準備に走りまわった。

敵は、いつ、どの方向から攻めてくるのか。

八重岳の谷間に本部をおいた国頭《くにがみ》支隊（宇土《うど》部隊）は、尾根でつながる真部山《まぶやま》の中腹に頑強《がんきょう》な横穴壕《よこあなごう》を造って第二歩兵隊の戦闘指揮所にした。第四中隊が西南方面を、第五中隊が東南方面を、第六中隊が北方からの攻撃を防衛《ぼうえい》するよう配置されている。

四月一三日。アメリカ軍による八重岳・真部山への本格的な攻撃がはじまった。

宇土《うど》部隊は、朝から猛烈《もうれつ》な艦砲射撃《かんぽうしゃげき》の嵐にみまわれた。上空には、しきりに偵察機《ていさつき》が飛び回っている。アメリカの偵察機を、人々は「トンボ」と呼んでいた。トンボが飛び去ると、集中的に砲弾が撃ちこまれる。トンボからの連絡で海上の軍艦から発射されているらしい。地上に作られた新たなアメリカ軍陣地《じんち》からも、弾が飛んでくる。標的をねらい定めた激しい砲撃のため、宇土《うど》部隊各中隊の兵士たちは壕《ごう》にとじこめられ、外に出ることができなかった。

砲弾が落ちて、また、あちこちで電話線が切断された。大城幸夫《おおしろゆきお》たち有線班《ゆうせんはん》は、電話線をつなぎ合わせるため、一日中、戦場を駆けまわらなければならなかった。連絡が入ると、待機している学友の顔を一人ひとり確かめるように見てから、壕を飛び出した。これが見納めになるかもしれないのだ。

「比嘉《ひが》、歩兵砲陣地《ほへいほうじんち》へ行ってくれ」

比嘉親平《ひがしんぺい》は、歩兵砲陣地へ電話機を届けるよう命令された。すぐに電話機を背負うと、班長から鉄の帽子がわたされる。配線修理から帰ってきたばかりの幸夫《ゆきお》に向かって会釈《えしゃく》し、銃を持った先輩兵士といっしょに壕から駆け出した。

砲弾が炸裂《さくれつ》するなか、比嘉《ひが》は電話線に沿《そ》い、這《は》うようにして進んだ。近道に入ろうとした瞬間、激しい衝撃をうけて体ごとおどりあがり、繁《しげ》みのなかにたたきつけられた。だが、砲撃が弱まったすきにそこを飛び出し、一目散《いちもくさん》に歩兵砲《ほへいほう》中隊の壕へ走った。

壕《ごう》にたどり着き、入り口に入ろうとした瞬間、炸裂音《さくれつおん》がして土砂に圧《お》し潰《つぶ》されてしまった。壕の中から数人、仲間の兵士が飛び出してきて、スコップで土をよけてくれたが、下半身がしびれ感覚がない。

座ったまま背負ってきた電話機を交換すると、清末《きよすえ》隊長に「ご苦労さん」と言われた。隊長は、その電話機を使って戦闘指揮所に戦況《せんきょう》の報告をはじめた。

「なんとか無事に届けることができてよかった」

比嘉《ひが》は、足のしびれがなおるのを待ち、砲撃の合間をぬって壕に帰ることができた。

一四日は、前の日にまして猛烈《もうれつ》な艦砲射撃《かんぽうしゃげき》がおこなわれたあと、東西の二方向から、アメリカ軍の部隊が攻めこんできた。とりわけ喜納原《きなばる》方面からは、大量の兵力を動かしての攻撃だった。

この方面を守備する第四中隊には、玉城肇《たまきはじめ》（四年）・島繁勇《しまはんゆう》（三年）・比嘉幹雄《ひがみきお》（二年）ら、三中生三〇人が配属《はいぞく》されている。

朝からの猛烈な艦砲で壕を出られない状況がつづいたが、やがて砲撃がやむと、第四中隊の前面には大勢のアメリカ歩兵部隊が現れた。

待ち構えていた日本軍の兵士たちは、銃を持って壕から飛び出し、アメリカ兵とのあいだで、壮絶《そうぜつ》な撃ち合いとなった。

だが、アメリカ側は全員が自動小銃を持ち、軽機関銃《けいきかんじゅう》や火炎放射器《かえんほうしゃき》までそなえている。日本側は、最後は手榴弾《しゅりゅうだん》で応戦したが、銃撃されてつぎつぎと倒れていった。

玉城《たまき》たちがたてこもった第四中隊の壕は、いつのまにか中学生三人のほか、負傷して動けない先輩兵士数人がいるだけになっていた。こちらは手榴弾だけしかわたされていない。

壕の外ではアメリカ軍の自動小銃の音がさかんに聞こえる。外に出ることは不可能に思われた。

「もう助からない。奴《やつ》らに撃ち殺されるより、潔《いさぎよ》く自決します。お世話になりました」

恐怖に耐《た》えられなくなった二年生の比嘉幹雄《ひがみきお》は、そうつぶやいて、手榴弾の信管《しんかん》の留め金を歯でくわえた。

「ばか。早まるな」

三年生の島《しま》が、あわてて比嘉《ひが》の右腕《みぎうで》をおさえた。

比嘉《ひが》は、わっと泣き出した。

「どうしたらいいか、落ち着いて考えよう。いまぼくたちが死んでしまったら、負傷兵たちはどうするんだ。日が暮れれば、敵の攻撃も弱まる。それまで辛抱《しんぼう》しよう」

三人は、壕《ごう》のいちばん奥に移り、アメリカ兵に気づかれないよう、ロウソクの火を消した。アメリカ兵が何度も壕の前に近づいてきたが、三人は暗闇のなかで、じっと息をこらして通り過ぎるのを待った。

予想通り、日が暮れると銃声は止んだ。

三人は負傷兵たちを背負って壕を脱出したが、この日の激しい攻撃で、第四中隊の陣地《じんち》は、壊滅《かいめつ》状態となった。

一五日。夜明けとともに、各小隊の陣地に伝令がまわってきた。

「本日の戦闘は、皇軍《こうぐん》の名誉《めいよ》と祖国の栄光にかかわる重大な戦いである。悠久《ゆうきゅう》の大義《たいぎ》に生きる覚悟で、敵を撃滅《げきめつ》せよ」

満名《まんな》・屋名座《やなざ》など北側から真部山《まぶやま》にせまる敵に対抗する第六中隊、八重岳《やえだけ》の東方を守る第五中隊、ともに激しい攻撃をうけて戦死者が続出した。なんとかもちこたえたものの、一時は真部山に設けられた戦闘指揮所の近くにまで、敵の部隊が攻めこんできた。

有線班には、昼過ぎになって、戦闘指揮所から命令が来た。電話が不通になってしまったから、至急《しきゅう》、第二大隊本部まで来るようにという。

壕で待機しているのは伊波満《いはみつる》と先輩兵士の二人だけだった。仲間たちは、みな保線のため出払っていた。

班長の指示で、新しく電話線を引きながら行くことになり、先輩兵士とともに駆け足で出発した。目的地まであと五〇メートルまで来たところで、すさまじい砲撃。ひっきりなしに砲弾《ほうだん》が落ち、土砂や鉄片が飛び散る。岩の割れ目に身を隠して待ったが、砲撃は止まない。

「おれが先に指揮所へ行っているから、一四、五分してももどらなかったら、一人で電話線を引いてきてくれ」

先輩兵士は砲弾の土煙のなかに飛び出して行ったきり、帰ってこない。

自分ひとりでやるしかない。伊波《いは》はそう決心し、砲弾が落ちる間を縫《ぬ》うように、電話線を引いて戦闘指揮所にたどり着いた。先に出た先輩兵士も無事に着いていた。

伊波《いは》は、一気に緊張がほどけ、涙がこみあげそうになった。

夕刻になって、この日の砲撃が下火になるのを待ち、有線壕にもどることができた。

「各自、武装《ぶそう》して待機せよ」

戦闘が下火になって、壕《ごう》にもどってきていた幸夫《ゆきお》たち有線班の兵士に、命令が下された。

いよいよ、通信兵までが、戦闘に参加しなければならない事態になったのだ。

手榴弾《しゅりゅうだん》が配られ、緊張して身なりを整えた。嘉手納知高《かでなちこう》（三年）は、召集《しょうしゅう》のときお祖母《ばあ》さんがわたしてくれたという縦《たて》じまの肌着を雑嚢《ざつのう》から出して、着替えていた。

有線班の兵舎から一〇〇メートルほど離れた谷間の林に集結する。

無線班の仲間たちもやってきた。

久しぶりに会った無線班の宮城造《みやぎはじめ》は、丸顔に鉄帽《てつぼう》をかぶり、偽装《ぎそう》用のネットに木の葉をさしている。すれちがうとき、いつものように人懐《ひとなつ》っこい表情で、「オイ」と言って有線班の仲間の肩をたたいた。

八重岳《やえだけ》本部にひかえる隊員以外の無線班と、有線班とをあわせた小隊が編成《へんせい》され、隊長の東郷少尉《とうごうしょうい》が軍刀《ぐんとう》を抜き、短く訓示《くんじ》を述べた。

「ただ今から、真部山《まぶやま》の山頂に布陣《ふじん》し、明日の朝、同所に進出してくる敵と一大決戦を敢行《かんこう》する」

「前進！」

号令とともに、隊列を組んで急斜面を登った。

みな無言だった。

山上に着いたころには、日がすっかり暮れていた。

西方の名護湾《なごわん》の方を見下ろすと、真っ暗な海に無数のアメリカ軍艦の灯りが、不気味に浮かんでいた。

「明日の戦闘にそなえて、散兵壕《さんぺいごう》[1]を掘《ほ》れ」

幸夫《ゆきお》たちは、命令されたとおり、松林のなかに、弾除《たまよ》けになりそうな岩や大きな木の陰を見つけ、明日の戦闘で自分の身を守るための散兵壕を造りはじめた。

敵軍が打ち上げる照明弾《しょうめいだん》の明かりをたよりにして、必死につるはしやシャベルを振るったが、地盤が固く、なかなかはかどらない。

しゃがめば、やっと身を隠せるだけの散兵壕ができあがったのは、一六日の陽が昇る直前だった。

1　散兵は密集せずに間隔をとって戦うことで、その場合に敵の攻撃から身を守るために掘る壕のこと。

②　突撃命令

四月一六日が明けた。八重岳《やえだけ》と真部山《まぶやま》は完全に包囲《ほうい》され、アメリカ軍の総攻撃が予想された。いつ攻められてもいいように、各分隊はただちに戦闘準備に入った。

「起床、起床」

真部山の西北部に布陣《ふじん》する第六中隊では、まだ薄暗いうちに全員が起こされた。

「米の飯は今日で最後だ。腹一杯食べてくれ」

食事の当番兵が、見たこともないような大きな握り飯を手早く配る。塩味がきいている。

少年兵たちは、玄米《げんまい》のおむすびを、かみしめるように食べた。

「うまいなあ」という誰かの声に、みんなが食べながら黙ってうなずいた。

最後は玉砕《ぎょくさい》[1]になるのだろうか。アッツ島の戦い以来、それが日本軍の伝統だと教えられている。

お父さんやお母さん、弟や妹の顔が浮かんだ。それぞれが複雑な思いにひたりながら朝食

1　大本営はアッツ島での日本軍「全滅」を隠し、その死を美化する「玉砕」と発表、以降死ぬまで戦うことが求められた。

をすませ、戦いの準備にとりかかった。

おなじころ、真部山の中腹にある通信壕では、暗号班の全員が、壕の一番奥に集められた。兵士八人、中学生一三人。徹夜《てつや》で暗号解読にあたり、一睡《いっすい》もしていない者もいる。

「今日は敵の総攻撃があるだろう。そうなったら、我が暗号班もすぐに出撃する」

暗号班が戦闘に加わるというのは、最後の最後、玉砕を意味する。

徳丸中尉《とくまるちゅうい》は自分でパインの缶詰《かんづめ》をあけて、一人ひとりに配った。

「一生懸命、がんばってくれよ」

中学生たちには、その声がいつもよりうわずっているように思われた。


真部山山頂の松林のなかでは、徹夜で散兵壕《さんぺいごう》を掘《ほ》った無線班・有線班の通信隊がそのまま布陣《ふじん》していた。

大城幸夫《おおしろゆきお》たち中学生兵士は、みな疲労困憊《ひろうこんぱい》して、日が昇っても、眠りつづけていた。

比嘉親平《ひがしんぺい》と大城富雄《おおしろとみお》が、隊長から歩哨《ほしょう》を命じられ、頂上から三〇メートル下の見張り台に配置された。朝と昼の二食分の弁当が支給されていた。

「お昼まで生きていないかもしれないから、一度に食べちゃおう」

富雄《とみお》が少しふざけた口調で言った。

「それもそうだね」

冗談《じょうだん》で言ったつもりだが、おたがいに自分の笑い顔が歪《ゆが》んでいるように感じられた。

それぞれ自分の雑嚢《ざつのう》からさじを取り出し、その場で二食分のおにぎりとカマボコの缶詰《かんづめ》を平らげてしまった。

見張り台から西方の海を見ると、十数隻《せき》のアメリカ軍艦がすでに白い煙をあげ、活動をはじめていた。

ときおり東のこちら側に向かって艦砲《かんぽう》を発射しながら、西の伊江島《いえじま》に対して執拗《しつよう》な砲撃をくり返している。

そして、八時ごろ、たくさんの舟艇《しゅうてい》が一斉《いっせい》に伊江島に向かって進みはじめた。伊江島の日本軍からも、反撃の大砲が火をふいた。

アメリカ軍艦からの砲撃がいっそう激しくなる。猛烈《もうれつ》な炸裂音《さくれつおん》とともに、島のいたるところで火焔《かえん》が上がった。島の真ん中にたっている三角形のタッチュー[1]に対する砲撃はすさまじく、黒煙でその姿が見えないほどだった。

1　標高一七二メートルの「城山」。守備隊がおかれていた。「タッチュー」とは沖縄の言葉で「尖っている」という意味。

アメリカ軍が、ついに伊江島への上陸作戦を開始したのだ。

「伊江島《いえじま》が、やられてしまう……」

比嘉《ひが》と大城《おおしろ》は、立ちつくしたまま、こぶしをにぎりしめて、その光景を見つめた。

伊江島を護《まも》っているのは、やはり宇土《うど》大佐の指揮下にある第二歩兵隊の第一大隊である。だが、圧倒的な物量に支えられたアメリカ軍を前に、その運命は時間の問題のように思われた。親平《しんぺい》も富雄《とみお》も、飛行場建設に動員された時のことを思い出しながら、島で知り合った人たちの無事を祈るばかりだった。


八重岳《やえだけ》や真部山《まぶやま》に対する艦砲射撃《かんぽうしゃげき》も、それまでよりいっそう激しくなった。海上の軍艦からの砲撃だけでなく、地上に設けられた砲台からの攻撃も加わっているようだ。

真部山中腹に造られた陣地《じんち》の周辺に、砲弾が正確に撃ちこまれ、兵士たちは固い岩盤《がんばん》に掘られた壕《ごう》から、一歩も外に出ることができない。砲撃が終わるのをじっと待つほかなかった。

見張り所にいる親平《しんぺい》と富雄《とみお》の目には、ふもとでアメリカ軍の機動部隊が、活発に動いているのが見えた。戦車を先頭に、装甲車《そうこうしゃ》やトラックを連《つら》ねて、ふもとからじわじわ進撃してくる。あちこちで銃を乱射《らんしゃ》する音が聞こえ、白い煙があがった。ときおり火炎放射器《かえんほうしゃき》の赤い炎があがり、黒煙が立ちのぼった。

「知らせてくる」

状況報告のために、富雄《とみお》は山頂へ駆け上がっていった。

やがて、昼ちかくなると、砲撃は弱まり、中腹の陣地の前にまで、アメリカ兵が現れるようになった。各陣地では、壕の周辺に狙撃隊《そげきたい》を配置して待ち構える。攻めてきたアメリカ兵と、激しい撃ち合いになった。

親平《しんぺい》の耳にも、銃撃音がだんだん近づいてきていることがわかった。

そのとき、山頂から先輩兵士と二人で富雄《とみお》が下りてきた。

「伝令で、戦闘指揮所へ行ってくる」

そのまま、三〇メートルほど駆け下り、道が雑木林に入るところでふり返ると、親平に手を振って姿を消した。それっきり、富雄《とみお》の姿を見ることはなかった。

しばらくして、林の向こうで激しい銃撃音がした。戦闘指揮所の壕の前で、富雄《とみお》が銃撃されて死んだことを、仲間たちはあとになって知った。

真部山の山頂に通信隊が布陣《ふじん》していることは、松林にさえぎられて、アメリカ軍も気づいていなかったようだ。

昼すぎになって、突然、山頂近くに数十人のアメリカ兵が姿を現した。日本側の通信兵がこれを発見して、叫び声をあげた。

「敵が来たぞ」

「みんな起きろ！」

徹夜《てつや》の散兵壕《さんぺいごう》づくりで疲れ果て、眠っている者もいた三中生たちは、驚いて飛び起き、手《しゅ》榴弾《りゅうだん》を握りしめた。

通信隊の兵隊たちが、一斉《いっせい》に小銃を発射。アメリカ兵はびっくりして後退したが、すぐに人数を増やして現れ、通信隊のいる松林をめがけて自動小銃を乱射した。

激しい撃ち合いとなり、岩場一帯は、アメリカ兵によって占拠《せんきょ》されてしまった。

銃のない学徒兵《がくとへい》は、手榴弾を握りしめ、岩陰や散兵壕から頭だけを出して、敵が近づくのを待ち構えた。

銃撃戦に気づいたのか、トンボが飛んできて、上空を旋回《せんかい》しはじめた。

中腹にある戦闘指揮所近くの通信壕で作業をつづけていた暗号班のもとに、伝令が来た。

「真部山《まぶやま》山頂で通信隊が苦戦している。暗号班は、直ちに出撃してこれを支援せよ」

いよいよ、最後の時が来た。

「全員出撃する」

徳丸《とくまる》中尉の命令で、玉城一昌《たまきかずまさ》は先輩兵士一人とともに、あとに残って暗号書など機密《きみつ》書類を焼却《しょうきゃく》し、通信機を破壊することになった。敵の手にわたらないようにするためだ。

新城治敏《あらしろじびん》・大城素伝《おおしろそでん》・宜保栄《ぎぼさかえ》・国吉真康《くによししんこう》・久場兼吉《くばけんきち》・金城勇《きんじょういさむ》・識名盛敏《しきなせいびん》・島武久《しまぶきゅう》・前田泰《まえだたい》弘《こう》・前田朝善《まえだちょうぜん》・山城邦男《やましろくにお》・国吉真昭《くによししんしょう》の一二人の中学生は、七人の先輩兵士とともに、徳丸《とくまる》中尉に率いられ、隊列をくんで山頂に向かった。

砲弾をさけ、木立から木立へ、岩から岩へ、先頭に遅れまいと必死に登っていると、突然機関砲の一斉射撃をうけた。ダダダッ、ダダダッというすさまじい音とともに、目の前の土が弾《はじ》けとぶ。暗号班の中学生たちにとっては、初めての実戦である。

「やられたーっ」

叫び声の方をふりむくと、識名盛敏《しきなせいびん》があおむけに倒れている。左腕の関節の内側の肉が削《そ》ぎ取られ、血が激しくふき出していた。国吉真昭《くによししんしょう》は、腰に下げていたタオルで識名《しきな》の上腕部《じょうわんぶ》をきつく縛《しば》った。

隊列は山頂に向かって先に進んで行ってしまった。

「とにかく、病院へ運ぼう」

国吉《くによし》は、その場にいた前田朝善《まえだちょうぜん》・山城邦男《やましろくにお》と三人で、代《か》わる代《が》わる識名《しきな》の体をかかえ壕《ごう》にもどり、担架《たんか》にのせて八重岳陣地《やえだけじんち》にある野戦病院まで運んだ。病院は重傷者で混雑し、うめき声があふれていた。

三人は識名《しきな》を衛生兵にたのんでから、急いでひき返そうとしたが、砲撃が激しくなって真《ま》部山《ぶやま》へはもどれそうにない。八重岳の兵舎に立ち寄ると、真部山から移動してきた玉城《たまき》が、暗号書の焼却《しょうきゃく》作業をつづけていた。上官の指示で、それを手伝うことになった。

識名《しきな》が銃撃された地点からそのまま前進した暗号班のメンバーが、頂上付近の岩場にたどり着くと、その一帯はすでにアメリカ兵によって占拠《せんきょ》されていた。

突然激しい集中砲火《しゅうちゅうほうか》を浴び、暗号班は手榴弾《しゅりゅうだん》で対抗して、すさまじい戦闘になった。しかし、手榴弾はたちまち尽《つ》きてしまい、後がなくなってしまった。

徳丸《とくまる》中尉が叫んだ。

「全員で突撃する」

手榴弾を使ってしまい武器の無い中学生たちには、先輩兵士の軍刀のさやなどが手わたされた。もう、何も考えるひまはなかった。

「突撃！」

普段《ふだん》は温厚《おんこう》な徳丸《とくまる》中尉が、軍刀をかざして立ちあがり、突進したが、一〇メートルも行かないうちに、全身に自動小銃の弾を浴《あ》びて崩《くず》れ落ちた。

あとにつづいた兵士たちも、つぎつぎに銃弾に撃ち抜かれた。あっという間のできごとだった。

三中生の隊員、新城治敏《あらしろじびん》・大城素伝《おおしろそでん》・宜保栄《ぎぼさかえ》・国吉真康《くによししんこう》・久場兼吉《くばけんきち》らが、この戦闘で戦死した。

弾丸《だんがん》は見張り台にいた比嘉親平《ひがしんぺい》のところにまで飛んできて、岩に跳《は》ね返った。親平《しんぺい》は一人でいるのが心細くなり、大城幸夫《おおしろゆきお》ら仲間たちのいる松林の陣地《じんち》に走りこんだ。

しばらくすると、真部山《まぶやま》山頂の上空から、トンボが姿を消し、アメリカ兵も後退して見えなくなった。

「勝った、勝った、勝った」

歓声《かんせい》があがった。

「油断するな。気をつけろ」

その直後から、山頂への艦砲射撃《かんぽうしゃげき》は、いっそう激しくなった。

砲弾《ほうだん》がつぎつぎに落下し、木々の枝が鋭《するど》く切り裂《さ》かれて、少年兵たちに襲いかかった。巨大な岩が跳《は》ねあがり、雹《ひょう》のように降ってくる。あたりは、舞いあがった土と硝煙《しょうえん》で真っ暗になり、何も見えなくなった。

「やられたっ」

「助けてくれ」

爆撃が途切《とぎ》れた瞬間に、叫び声が聞こえる。

「アンマー（お母さん）」

「アンマー」

何処《どこ》へ逃げたらいいのかわからないまま、右往左往《うおうさおう》し、岩陰《いわかげ》に隠れた。その岩にもいつ砲弾が撃ちこまれるかわからない。

発射音が聞こえると、しばらくして砲弾が襲ってくる。勘《かん》をたよりに、逃げるしかない。

徹夜《てつや》の散兵壕掘《さんぺいごうほ》りに加え、絶《た》え間《ま》ない攻撃で、少年兵たちは身も心もすり減らしていた。

大城幸夫《おおしろゆきお》は、比嘉親平《ひがしんぺい》といっしょに、必死で砲弾をさけて、岩陰を移動していたが、突然轟音《ごうおん》とともに激しい衝撃をうけた。

火薬のにおいがして、頭がふらふらする。

右手を見ると血が勢いよくふき出していた。足からも出血して、激しく痛む。

「やられた」

血をなめるようにして、口で血止めをしていると、比嘉《ひが》が這《は》うようにして近づき、手ばやく三角巾《さんかくきん》と手拭《てぬぐ》いで傷口をきつく結《ゆ》わえてくれた。

「そこに伏《ふ》せろ」

二人で、岩と岩の間にすべりこんだ。

無線班の宮城光吉《みやぎみつよし》は、座喜味盛正《ざきみもりまさ》といっしょに、散兵壕や岩陰に身を寄せて、砲弾をさけていた。

発射音が聞こえたあと、危ないと感じた宮城《みやぎ》は、とっさに、座喜味《ざきみ》の肩を叩《たた》いて隣《となり》の岩陰にすべりこんだ。

同時に、轟音が響き、ついさっきまで二人で伏せていた場所が、吹き飛んでいた。

耳がガンガン鳴り、意識がもうろうとした。気がついて見回したが、座喜味《ざきみ》の姿がない。

座喜味《ざきみ》は、反対側の岩陰に吹き飛ばされて、即死《そくし》していた。

砲弾《ほうだん》が炸裂《さくれつ》し、遠くからアメリカ兵が乱射する自動小銃の弾丸が、頭上をかすめていく。

無線班の仲村宏春《なかむらひろはる》が岩陰《いわかげ》に身を寄せていると、そこに暗号班の金城勇《きんじょういさむ》が倒れこんできた。

「だいじょうぶか」

あわてて抱き起こしたが、金城《きんじょう》の顔からは血の気がひいていた。右腕《みぎうで》から血がふき出し、両足の先が靴とともにちぎれてしまっているように見える。

「金城《きんじょう》、しっかりしろ」

何度も呼びかけたが、返事をする力もない。

仲村《なかむら》は、金城《きんじょう》を背負うと、砲弾をさけながら斜面を下りた。通信壕の近くにある衛生兵《えいせいへい》の詰《つ》め所《しょ》に連れていき、手当てをたのんで山頂にもどった。

あたり一面が直撃弾をうけて吹き飛び、死体があちこちに転がっていた。そのなかに、小柄な宮城造《みやぎはじめ》が、眠るように死んでいた。

有線班のなかには、いつもどおりの保線《ほせん》作業を命じられた者もいた。砲撃で電話線が切断され、朝から出動の連続だった。電話線の補修が間に合わないと、伝令《でんれい》をたのまれ、砲弾の嵐のなか、各陣地の間を走りまわった。

伊波満《いはみつる》が、午後四時ごろ、保線を終えて有線壕に帰ると、前後してもどってきた兵士が、「外で三中生が倒れている」と叫んだ。

暗号班の金城勇《きんじょういさむ》だった。仲間の姿を探し、這《は》うようにしてやってきたのだろうか。太ももの内側からふくらはぎにかけて無数の傷があり、足の甲《こう》と爪先《つまさき》が靴の裂け目から外にはみ出してしまっている。

伊波《いは》は居合わせた兵士たちにたのみ、四、五人がかりで谷間にある治療所へ運んだが、軍医も衛生兵も出払ってしまっていた。

次々に血だらけになった兵士が運びこまれてくるが、手のほどこしようがない。

「寒いよ。寒いよ」

かすかな声で、そう言うので、壕《ごう》の奥に移動させ、頭から毛布をかぶせ強く抱きしめてやった。

そのとき、壕の入り口に砲弾が落ちて炸裂《さくれつ》し、爆風でランプがかき消され、真っ暗になった。

八重岳の野戦病院に連れていかなければならない。

「待っていろ。助けを呼んでくる」

硝煙《しょうえん》が薄れて入り口が見えるようになったので、伊波《いは》は壕を出て、有線壕へ行って三中生の仲間を探したが、だれも見つけることができない。

とまどっていると、上官から別の任務を命じられてしまった。みな殺気立っていて、中学生の仲間のことを口に出せる雰囲気ではなかった。

いっしょにいてやれないことを悔《く》やみながら、一刻《いっこく》も早く衛生兵《えいせいへい》がもどってきて、病院へ運んでいってくれるのを祈るしかなかった。

夕刻になって、ようやく砲撃がやんだ。

生き残った通信隊は、真部山《まぶやま》山頂の西のはずれに追い詰《つ》められていた。

もはや戦況《せんきょう》の立て直しが無理なことは、中学生たちにも明らかだった。

「わが通信隊は、残存《ざんぞん》する全兵力をもって、最後の突撃をおこなう。この場に待機せよ」

日が沈むころ、東郷《とうごう》隊長はそう命じたうえで、戦闘司令部に伝令を送った。

いよいよ最後の突撃で、玉砕《ぎょくさい》するのか。

みな無言のまま、胸の鼓動《こどう》が聞こえるような気がした。

ところが、すでに三時ごろ、宇土《うど》大佐からは、「多野岳《たのだけ》へ転進せよ」という命令が出されていた。八重岳《やえだけ》の陣地《じんち》を放棄《ほうき》し、遊撃戦《ゆうげきせん》を展開するため、第一護郷隊《ごきょうたい》が拠点《きょてん》をおく多野岳へ向かえという命令である。

通信隊は、真部山の戦闘指揮所前に集合したあと、ひとまず八重岳の本部へ移動することになった。

出発前に無線機の破壊を命じられた嘉手納知高《かでなちこう》は、爆薬《ばくやく》を仕掛けたあと、谷間から駆け上がろうとしたところをアメリカ軍の集中砲火《しゅうちゅうほうか》を浴びて死亡した。

「有線班の者。先導《せんどう》せよ」

配線と保線で飛びまわり、この地域の地理に詳《くわ》しくなっている有線班の比嘉親平《ひがしんぺい》らが先導役を命じられた。親平《しんぺい》は、怪我《けが》をしている幸夫《ゆきお》を仲間たちにたのんで、暗闇のなか、敵の銃撃を警戒《けいかい》しながら、先頭に立って八重岳の谷間をめざした。

幸夫《ゆきお》は、出血のため地下足袋《じかたび》の底がぬるぬる滑《すべ》るのを我慢《がまん》しながら、仲間たちの肩に支えられて、なんとか山道を歩くことができた。ここで落後《らくご》したら命はない。必死だった。

③　多野岳への「転進」

仲間たちの肩に支えられて、大城幸夫《おおしろゆきお》はなんとか八重岳《やえだけ》の野戦病院にたどり着いた。

比嘉親平《ひがしんぺい》は、幸夫《ゆきお》を病院に連れていったあと、三中の学友たちを探した。

八重岳の兵舎周辺は、たくさんの兵士でごったがえしている。

みな疲れきった表情だが、同僚《どうりょう》の兵士を見つけると、口々にこの一日に体験した戦いの様子をしゃべりあった。

坂道のたもとに通信隊のメンバーが集まっていた。

「第二大隊隊長の佐藤《さとう》少佐が全体の指揮をとって、多野岳《たのだけ》へ転進する。敵の攻撃があるだろうが、はぐれてしまわないように」

通信隊の東郷《とうごう》隊長が訓示《くんじ》した。

すでに宇土《うど》大佐らは八重岳を脱出しており、戦闘の敗北で全体の指揮系統は混乱していた。

「中学生はついてくるな」と言われて途方《とほう》にくれる者がいたり、それとは逆に、重い荷物を担《かつ》がされ、危険の大きい先頭を歩くよう命じられた者もいた。

「重傷の負傷兵はここへ残していく」

それを聞いて、比嘉《ひが》は急いで野戦病院へ引き返した。

病院は怪我《けが》人であふれ、幸夫《ゆきお》は手当をうけられないまま、入り口近くの地面の上に寝かされていた。

撤退《てったい》がきまって、病院全体が異様な空気につつまれている。

「これから総攻撃に行く」

「歩ける者は準備せよ。重傷者はここに残れ」

そういう命令だが、攻撃に行くというのが口実にすぎないことは、みなわかっていた。

「なんとか連れていってください」と必死で訴える者、黙ってすすり泣く者、病院の外へ這《は》い出そうとして力尽《つ》きる者。

アメリカ軍が攻めてくればひとたまりもない。治療もうけられず、薬もないまま、取り残されるのは、死を待つことを意味している。

残される患者には、乾麺麭《かんめんぽう》[1]のほか、手榴弾《しゅりゅうだん》が配られた。いざとなったらこれで自殺しろということである。

1 保存用に小さく堅く焼いたパン（乾パン）のことを旧日本軍ではこう呼んだ。

手榴弾《しゅりゅうだん》をわたされて、幸夫《ゆきお》は涙にくれているところだった。

ここで死ぬのだろうか。お母さんや妹たちの顔が目に浮かんだ。

「おい、おれの肩につかまれ。いっしょに行くぞ」

親平《しんぺい》の声だった。無理やり幸夫《ゆきお》の腕《うで》をとって自分の肩にかけ、立ちあがらせた。

出血はつづいている。そのうえ、休んでいるあいだに、傷の痛みはいっそう激しくなっていた。

幸夫《ゆきお》は歯を食いしばり、やっとの思いで起きあがった。比嘉《ひが》にかかえられるようにして、通信隊の隊列に加わった。


あとで知ったことだが、そのとき病院棟の奥の部屋には、大勢の兵士とともに、重傷を負った暗号班の識名成敏《しきなせいびん》と金城勇《きんじょういさむ》が寝かされていた。金城《きんじょう》は、真部山《まぶやま》の治療所から、衛生兵が運んできてくれたらしい。

宇土《うど》部隊が撤退《てったい》していってしまったあと、取り残された患者たちは、傷がひどくなって死ぬ者、食料がなくなって餓死《がし》する者、苦しさに耐《た》えられず自決する者が相次《あいつ》いだという。

何日かたって識名《しきな》は動けるまでに回復し、病院の倉庫に行ってみた。缶詰《かんづめ》などが残されていて、銃剣を突《つ》き刺《さ》して開け、食べることができた。

そこに、両足と腕に大怪我《おおけが》をし、自由になる左手だけを支えにして、お尻を地にすりながら這《は》ってくる患者《かんじゃ》がいた。見覚えがあるような気がするが、思い出せない。

話かけてみると、クラスメイトの金城勇《きんじょういさむ》ではないか。

「おれだ。盛敏《せいびん》だよ」

「おれは勇《いさむ》だ」

そう言うと、勇《いさむ》はワッと泣き出した。

同級生で、しかも同じ暗号班で苦楽をともにしてきたのに、おたがいに名前を言わなければわからないほど、顔の表情が変わってしまっていた。恐怖と激痛のなか、金城《きんじょう》は生きぬくために必死に耐えてきたのだろう。仲間に会えて、一瞬《いっしゅん》緊張がほどけ、号泣したのだった。

五月になってアメリカ軍の大規模な攻撃があり、病院は焼き払われた。生き残っていた患者の多くが、命を失ってしまった。

識名《しきな》は、機銃掃射《きじゅうそうしゃ》のなかを必死に逃げのびた。走りながら振り向くと、歩くことのできない金城《きんじょう》が、避難民の男性に背負われて脱出するところだった。

金城勇《きんじょういさむ》はそのあと、安和岳《あわだけ》近くの避難所に連れていってもらい、けんめいに生きのびようとがんばったが、両足の傷が悪化して、ついに息をひきとったという。

ようやく隊列が動きはじめたのは、四月一七日の午前二時を過ぎるころだった。七、八百人もいる大きな集団だ。

ときおりアメリカ軍が打ち上げる照明弾《しょうめいだん》[1]が空中で炸裂《さくれつ》し、青白い光を放って谷間を照らし出した。

「地雷《じらい》に気をつけろ」

「敵に気付かれるから、大声は出すな」

長い隊列は山道を伊豆味《いずみ》に向けて北側へ下ったが、夜明けになると、たちまち上空に敵の飛行機があらわれた。激しい機銃掃射《きじゅうそうしゃ》、ついで、砲弾が撃ちこまれた。隊列はちりぢりになり、思い思いに繁《しげ》みに身を隠した。また、そこに砲弾が撃ちこまれる。

幸夫《ゆきお》は比嘉《ひが》に支えられ、足を引きずりながら、みんなのあとを必死に追いかける。何度もころびそうになった。

結局、この朝は伊豆味街道を横切ることができず、八重岳《やえだけ》のすそのの雑木林にひき返して、

1　夜間の戦闘で照明や信号に用いる弾丸。数秒から数分、光る。

息をひそめた。何日も死と隣《とな》り合わせの戦闘がつづき、疲れが極限に達していた。そのまま睡魔《すいま》におそわれて、一七日の昼間はぐっすり眠りこんでしまった。

夕方になった。

「暗くなったら出発するぞ」

敵に見つかりにくい夜に移動するしかない。

出発の準備をしようとしたが、幸夫《ゆきお》は足がまったく動かなくなっているのに気付いた。

大量の血が固まってしまい、地下足袋《じかたび》が脱げなくなっていた。

「足袋を切らなくちゃだめだ」

そばにいた安谷屋晋作《あだにやしんさく》が、すばやく短剣を取り出して足袋を切り裂《さ》き、傷口を治療してくれた。そして、自分の新しい地下足袋をはかせてくれた。

「すまない」

幸夫《ゆきお》は仲間たちに何度も頭を下げた。

敵に見つからないように、闇にまぎれて伊豆味街道を横切り、北側の森林に駆けこんだ。

ときおり打ち上げられる敵の照明弾の明かりをたよりに、枝をかき分けながら山林のなかを進み、銃撃音が響くと地に伏《ふ》して這《は》うように前進する。

足を引きずりながらの幸夫《ゆきお》は、どうしても遅れがちになる。傷の痛みもますます強くなってきた。

激しい銃声で身構えたとき、比嘉《ひが》は木の枝の隙間《すきま》からもれる明かりに、幸夫《ゆきお》が手榴弾《しゅりゅうだん》の安全装置を外そうとしているのに気がついた。自殺を図ろうとしているようだ。

「やめろ」

とっさに、比嘉《ひが》は手榴弾を奪《うば》いとり、なだめるように首を振って、幸夫《ゆきお》の手を固くにぎりしめた。

幸夫《ゆきお》は泣き出しそうな顔で、体を震《ふる》わせている。

銃弾のなか、自分一人の命を守るのも大変なのに、仲間たちが交代で肩を貸してくれる。足手まといになっているのが、耐《た》えられなかったのだ。

銃声がやんだすきに、隊列は小走りに山道を駆け抜けた。

幸夫《ゆきお》たちは二人三脚の恰好《かっこう》で必死にそれを追い、夜が明ける前に、呉我山《ごがやま》付近の山林のなかに身を隠した。

四月一八日の昼間は、この林のなかに潜《ひそ》み、夜になると、また動きはじめた。街道に沿って、尾根伝いに南へ進んだ。

「がんばってください」

「敵をやっつけてください」

途中《とちゅう》、避難民《ひなんみん》が暮らしている谷間を通りすぎるとき、木の根もとにそまつな小屋を造っている避難民たちが、松明《たいまつ》をともして足元を照らしてくれた。

無線班の仲村宏春《なかむらひろはる》の家族の避難小屋を通過したときには、お父さんがおにぎりをさしいれてくれた。

八重岳《やえだけ》から多野岳《たのだけ》へ行くには、名護《なご》から伊差川《いさがわ》を経て仲尾次《なかおし》の方面に通じる羽地《はねじ》街道を横切らなければならない。しかし、この道路はすでにアメリカ軍によって押さえられていた。戦車が待ち構えている。

夜が明けないうちに羽地街道を突破しようと急いだが、隊列の先頭がアメリカ軍の激しい機銃掃射《きじゅうそうしゃ》をうけた。

このため、四月一九日の朝には、為又《びいまた》の北方の森林にひき返して、身を隠した。

ここは学校の造林作業で来たことがあり、中学生たちはアメリカ兵に見つからないように、民家を探して食料調達に出かけた。野菜やサトウキビを分けてもらって、飢えをしのいだ。

動きまわれない幸夫《ゆきお》は、仲間たちが集めてきた食料を分けてもらう。腕と足の傷口が化膿《かのう》しないよう、包帯をかえなければならないが、仲間たちが自分の携帯品から分けてくれた。

「薬草園のあたりから、伊差川《いさがわ》の水田を通り、川に沿って羽地《はねじ》街道を突破しよう」

「敵が待ち構えている。少しでも気を抜くと撃たれてしまうよ」

夜になるのを待ち、再び羽地街道をめざして前進する。ここが最難関だ。

「敵陣地《てきじんち》の真っただ中を行く。気づかれないよう、咳《せき》ひとつしてもだめだ」

低地に下りて、薬草園の畑を通り、水路の堤《つつみ》を進んでいくと、突然、銃撃音が響いた。

比嘉《ひが》は、とっさに幸夫《ゆきお》を溝《みぞ》に突き落とした。その上に、自分も覆《おお》いかぶさるように飛び降りる。パチパチと銃弾が弾《はじ》かれ、あちこちで悲鳴があがった。

「だめだ。引き返そう」

幸夫《ゆきお》の足では無理だと判断したのだろう。比嘉《ひが》が、きっぱりとした口調で言う。幸夫《ゆきお》たちは前進をあきらめて、溝づたいに逃げもどった。

この日、街道を越えることができた者もいたが、多くの戦死者が出た。佐藤《さとう》大隊長も、ここで戦死した。戦後、この一帯からは、白骨化した遺体が数多く発見されたという。

突破できず、多野岳《たのだけ》に行くことができないまま、やんばるの山中を彷徨《ほうこう》する兵士たちもたくさん出た。

幸夫《ゆきお》たちのグループは、いったん古我知《こがち》の森林にひき返した。

二〇日は、朝からこの森林に潜伏《せんぷく》していたが、うとうとしていると、昼過ぎになって、林の木がパチパチ燃える音に目が覚めた。

「いぶりだし作戦だ。煙をすわないよう、顔を地面につけろ」

「銃と手榴弾《しゅりゅうだん》の安全装置をはずせ」

古参《こさん》の兵士が小声で命令する。

雑木林《ぞうきばやし》の外で人の気配がした。のぞくと銃を構えたアメリカ兵の一団が見える。一瞬、緊張がはしり、手榴弾をにぎる手に力がはいった。

だが、英語にまじって沖縄の言葉が聞こえる。どうやら、避難民たちがアメリカ兵に捕まり、収容所《しゅうようじょ》へ引き立てられていくところのようだった。

戦闘になって、彼らを巻き添えにしなくてよかったと、幸夫《ゆきお》たちは胸をなでおろした。

すでに隊列はばらばらになって、幸夫《ゆきお》たちの集団は、二〇人ほどになっていた。

「大きく迂回《うかい》して、羽地大川《はねじおおかわ》の上流の方から多野岳《たのだけ》に入るのはどうだろう」

夕刻になり、地理に詳しい比嘉親平《ひがしんぺい》と仲村宏春《なかむらひろはる》が先導《せんどう》し、古我知《こがち》から呉我《ごが》の方向へ進んだあと、東に向きを変えた。

我部祖河《がぶそか》方面から砲弾が撃ちこまれたが、一行は仲尾《なかお》台地へ進み、親川《おやかわ》の森に入った。

さらに、小学校近くの忠魂碑《ちゅうこんひ》[1]のわきから羽地街道を突破し、並行して流れる羽地大川をわたることができた。

多野岳への道を聞くため川上《かわかみ》地区の民家に寄ると、出てきたのは金武《きん》からアメリカ軍に捕まって連れてこられた人たちだった。すでに多野岳周辺のこのあたりにも、アメリカ軍の力がおよんでいることになる。

夜が明けて、近くの避難小屋にいたおばあさんから道を教えてもらい、ようやく多野岳への登り口にたどり着いた。

1　小学校の跡地は、現在、羽地中学校となっており、そのグラウンド拡張のとき、忠魂碑は学校の北隣の小高い丘に移された。戦後、薬草園の付近をはじめ周辺地域ではたくさんの遺骨が収容された。忠魂碑と並んで建てられている「羽地慰霊之塔」は、その供養のためのもの。いま、遺骨は国立沖縄戦没者墓苑に転葬されている。

第５章

戦いはつづく

アメリカ軍の戦闘機（沖縄県公文書館所蔵）

EVEN CHILDREN BECAME SOLDIERS

① 遊撃戦

八重岳《やえだけ》・真部山《まぶやま》から敗走した宇土《うど》部隊が向かう多野岳《たのだけ》では、村上大尉《むらかみたいい》が率《ひき》いる第一護郷隊《ごきょうたい》の戦いがつづいていた。

名護《なご》に進入して市街を占領《せんりょう》したアメリカ軍は、つづけて羽地《はねじ》に兵をすすめ、多野岳のふもと一帯にも勢力を広げた。各地で護郷隊とアメリカ兵が遭遇《そうぐう》し、撃ちあいが起こった。

だが、東江平之《あがりえなりゆき》がいた名護岳での四月九日の衝突で真喜屋実昭《まきやさねあき》・岸本津康《きしもとしんこう》・長嶺幸徳《ながみねゆきのり》が戦死したように、兵器には圧倒的な差があった。アメリカ軍は全員が自動小銃をもっているのに対して、護郷隊の側は単発銃、それも二人で一丁《ちょう》を使うというありさま。中学生の多くは、竹やりと手榴弾《しゅりゅうだん》しか与えられていない。

これでは、正面からぶつかっても勝ち目はない。村上《むらかみ》大尉は、本来めざしていた遊撃戦《ゆうげきせん》に徹《てっ》するよう指示を出した。

徹底《てってい》した情報収集に基《もと》づいて作戦をたて、奇襲《きしゅう》攻撃や待ち伏せ攻撃に力を入れるということだ。アメリカ軍の幕舎《ばくしゃ》、砲台、機関銃陣地《じんち》、戦車、装甲車《そうこうしゃ》[1]、燃料その他の物資集積所などが、攻撃目標になった。

四月一三日におこなわれた名護岳南東部での待ち伏せ作戦では、アメリカ軍の斥候《せっこう》[2]が毎日きまって六、七〇人で偵察《ていさつ》に来るという情報に基づき、早くからひそかに待ち構え、一斉《いっせい》射撃《しゃげき》で敵に大きな損害《そんがい》を与えることに成功した。

ただ、遊撃戦が、いつもうまくいくわけではない。

宮城次男《みやぎつぎお》（五年）ら三中生九人が命じられた伊差川《いさがわ》砲台を攻撃する作戦では、三年生の仲《なか》宗根郁秀《そねいくひで》が敵の機関銃に撃たれて死亡した。この砲台は、八重岳の宇土《うど》部隊の陣地に向けて砲撃をくり返しており、その破壊が目標だった。しかし、砲台に爆薬を仕掛けるのがうまくいかず、失敗におわっている。

東江平之《あがりえなりゆき》の兄・康治《やすはる》（四年）は、大城幸夫《おおしろゆきお》の兄・浩《ひろし》（五年）や具志堅一郎《ぐしけんいちろう》（五年）ら上級生、与那嶺浩《よなみねひろし》・幸地昭二《こうちしょうに》・竹園直人《たけぞのなおと》ら同級生とともに、村上《むらかみ》隊長から呼びだされた。

1　丈夫で硬い鉄板などを車体に張った軍用車両のこと。
2　敵の様子、地形などを探ること。また、そのために行動する兵士のこと。

「川上《かわかみ》集落の民家には、アメリカ兵が三〇人も駐屯《ちゅうとん》している。大きな幕舎《ばくしゃ》がいくつもあって、多野岳《たのだけ》にくる斥候《せっこう》は、そこから出ているらしい。羽地大川《はねじおおかわ》の河口付近には、機関銃を装備した歩哨《ほしょう》[1]が配置されていて、厳重な警戒態勢《けいかいたいせい》をしいているという情報がある。これを確かめて、アメリカ軍の配備状況を正確に探ってきてもらいたい」

村上《むらかみ》大尉は、難しそうな顔をして、そう命令した。

「今後の作戦をたてるために欠かせない任務だ」

そう付け加えた。

年長の具志堅《ぐしけん》をリーダーに、六人は四月一二日の夕方、多野岳を出発して調査を開始した。

山のなかにはたくさんの避難民が逃れてきている。彼らからアメリカ軍についてさまざまな情報が得られた。彼らは谷間につくられた粗末《そまつ》な避難小屋で、苦しい生活に耐《た》えていて、康治《やすはる》たちに、一刻も早くアメリカ軍を追い返してくれるよう訴えた。

アメリカ兵に連れ去られそうになった娘さんが、避難小屋に逃げこんで首をくって自殺した話を聞き、六人の学徒兵はいたたまれない気持ちになった。

一三日の夜、状況がわかったので、多野岳に帰還しようとしたとき、川上集落から、毎日

1　警戒や見張りをする兵士のこと。

決まって午前と午後にアメリカ兵三人が斥候として多野岳方面に上がっていくという情報を耳にした。

「明日、帰る前に、その三人をやっつけてやろうよ」

「どうせ、この情報を知らせれば、そういうふうに命令されるはずだ」

「かんたんにやっつけられるのに、そのまま帰ったら怒られちゃうよ」

六人は、自殺した娘さんの話を思い出し、怒りがこみ上げてくるのを感じながら、うなずきあった。

翌一四日、多野岳からの流れと名護岳《なごだけ》からの流れが合流して羽地大川となる地点、丈《たけ》の高い雑草が生い茂る場所で待ち構えていると、情報どおり三人のアメリカ兵がやってきて、多野岳方面に消えた。

「帰ってくるところをねらおう」

具志堅《ぐしけん》と与那嶺《よなみね》は平地の繁《しげ》みに、康治《やすはる》は川の土堤《どてい》に伏《ふ》せて待ち構える。大城浩《おおしろひろし》ら三人はそばの炭焼き小屋の陰に隠れていて、味方が危《あや》うくなったとき飛び出していく作戦だ。緊張の時が過ぎていく。

康治《やすはる》たちは、午前のアメリカ兵三人がもどったあとに、交代して午後の三人が上ってくるものとばかり思いこんでいた。

ところが、予想とはちがって、ねらっていた午前の三人がもどってくる前に、次の三人がふもとから上ってきてしまった。見つかったら、自動小銃でやられてしまう。向こうが気づく前に攻撃しなければならない。

相手が七、八メートルまで近づいた。胸の鼓動《こどう》が早まる。

突然、銃の撃ち合いとなり、先頭と二番目のアメリカ兵が、自動小銃を頭上に放り投げるようにして、その場に倒れた。三番目の兵士は、後ろを振り向くようにしたあと、腰から崩《くず》れるように倒れた。

作戦成功と思って、大城《おおしろ》らが飛び出したが、味方の三人は誰も立ち上がってこない。三番目のアメリカ兵が倒れるときに自動小銃の引きがねを引き、その弾が康治《やすはる》と具志堅《ぐしけん》、与那嶺《よなみね》に命中していたのだった。

具志堅《ぐしけん》は胸と股動脈《こどうみゃく》を撃たれて即死《そくし》。与那嶺《よなみね》は弾が胸と腹に当たって瀕死《ひんし》の状態。康治《やすはる》は、右の胸を銃弾が貫通《かんつう》し、血がふき出していた。

ぐずぐずしていると、午前のアメリカ兵がもどってきてしまう。

大城浩《おおしろひろし》が近くの避難小屋へ康治《やすはる》を連れていき、残った幸地《こうち》と竹園《たけぞの》は、具志堅《ぐしけん》の遺体を繁《しげ》みのなかに隠したうえ、与那嶺《よなみね》の容態を見守ったが、意識もなく動かせる状態ではなかった。

まもなくして午前のアメリカ兵三人は多野岳《たのだけ》方面から下りてきたが、おどろいて一目散《いちもくさん》に川上《かわかみ》集落の方へ駆け下りていった。

大城《おおしろ》と幸地《こうち》は、護郷隊《ごきょうたい》本部へ連絡に走ったが、その直後に四、五〇人のアメリカ兵が装甲車《そうこうしゃ》とともに報復《ほうふく》に来た。竹園《たけぞの》があわてて雑木林《ぞうきばやし》に身を隠していると、アメリカ兵は仲間三人の遺体を収容してひきあげた。与那嶺《よなみね》は、頭部にとどめの銃弾を撃ちこまれて息をひきとっていた。

連絡をうけた多野岳の護郷隊本部からは、崎浜秀直《さきはまひでなお》（五年）ら三中生が駆けつけ、二人の遺体を収容、重傷の康治《やすはる》を担架《たんか》にのせて陣地《じんち》に運んだ。康治《やすはる》は、意識がないまま、撃ち抜かれた胸から大量の血を流しながら、多野岳陣地の野戦病院[1]に運びこまれた。

この前後から、八重岳《やえだけ》・真部山《まぶやま》では宇土《うど》部隊へのアメリカ軍の攻撃が本格化していた。そして、一六日の正午ごろには、多野岳と八重岳のあいだの無線交信は途絶《とだ》えてしまった。

1 戦場の後方で、負傷または病気にかかった兵士を治療するための施設。

村上《むらかみ》大尉は、八重岳の戦いを背後から援護《えんご》するため、第一護郷隊の総力をあげた奇襲《きしゅう》作戦を計画した。名護湾《なごわん》とは反対側の羽地内海《はねじないかい》に面した真喜屋《まきや》・稲嶺《いなみね》に、アメリカ軍が駐屯《ちゅうとん》している。それを奇襲攻撃しようという作戦だ。

一六日深夜に出発した各部隊は、予定の集結地点に集まって、夜明けを待った。

一七日の朝、海岸線がくっきりと浮かびあがる時間、軍刀を掲《かか》げた村上《むらかみ》隊長の号令が下った。同時に、合図の信号弾が発射され、日の丸の鉢巻きをした護郷隊《ごきょうたい》の兵士たちが、竹やりと手榴弾《しゅりゅうだん》でいっせいにアメリカ軍が陣取《じんど》る集落へ突入した。

アメリカ兵は、不意をつかれて逃げ出し、護郷隊は弾薬庫や食料倉庫、燃料庫、軍用車などを破壊、アメリカ軍が使っていた住宅を焼き払った。民家に火を放つのは気がひけたが、命令となればしかたなかった。

やがて、アメリカの偵察機《ていさつき》が飛来し、装甲車《そうこうしゃ》の砂塵《さじん》が見えはじめると、護郷隊はいっせいに多野岳《たのだけ》へひきあげた。この作戦で、仲田淳《なかだじゅん》（三年）らが命を落とした。

こうして意気が上がっているとき、八重岳で敗退した宇土《うど》部隊の兵士たちが、多野岳を目指していたのだった。

②　突然の解散

八重岳を撤退《てったい》した宇土《うど》部隊の兵士たちは、必死の思いで多野岳にたどり着いた。途中、アメリカ軍の攻撃で多数の犠牲者《ぎせいしゃ》を出しながらの敗走だった。

仲間たちの肩に支えられ、怪我《けが》した足をひきずりながら、大城幸夫《おおしろゆきお》が護郷隊陣地《じんち》に着いたときは、すでに二二日の朝が明けていた。

ところが、陣地への入り口には、「敗残兵《はいざんへい》入るべからず」と書かれた看板が立てられている。護郷隊からすれば、せっかく高まっている士気《しき》がゆるまないようにという措置《そち》なのだろうが、命がけで銃弾をかいくぐってきた兵士たちには、非情な言葉だった。

幸夫《ゆきお》たちは張りつめていた気持ちが、崩《くず》れそうになった。だが、護郷隊に配属《はいぞく》されている三中生が見張りをしているのに出会い、安心する。

そのとき、「幸夫《ゆきお》!」と大きな呼び声が聞こえた。何日もつづく戦いで顔が汗にまみれているが、白い歯をみせて笑っている。兄の大城浩《おおしろひろし》だ。

「足はだいじょうぶか」

浩兄《ひろし》さんは、すぐに兵舎の方へ走っていったかと思うと、大きな箱を担《かつ》いでもどってきた。

「みんな、集まれ！」

座りこんでいた学徒兵たちが、幸夫《ゆきお》の兄さんの声に飛びついた。にぎり飯だった。

「うわぁー、何日ぶりだろう！」

「うめぇー」

護郷隊《ごきょうたい》に配属《はいぞく》されている三中生が集まってきた。一月に通信訓練がはじまってから、久しぶりに見る顔ばかりだ。幸夫《ゆきお》たちは、八重岳《やえだけ》での激戦と、戦死した仲間のことを、口々に語った。

護郷隊のメンバーも、多野岳《たのだけ》の遊撃戦の様子を報告する。同級生の平良政吉《たいらせいきち》が戦死したことも伝えられた。

「このあいだも、五年生の具志堅《ぐしけん》と、四年の与那嶺《よなみね》がやられてしまった。東江康治《あがりえやすはる》は、おれたちが野戦病院へはこんだが、胸を撃たれていて危ない状態がつづいている」

浩兄《ひろし》さんは、悔《くや》しそうに唇をかんだ。

頂上にある平地に、具志堅一郎《ぐしけんいちろう》・与那嶺浩《よなみねひろし》の真新しい墓標《ぼひょう》が立てられていて、みんなで冥福《めいふく》を祈った。

その夜は、うっそうとした林のなかで、ぐっすりと眠った。

二三日の朝が明けて目をさますと、八重岳から逃れてきた通信隊員の数が増えていることがわかった。

「通信隊、全員集合」

久しぶりの整列だ。

「中学生はこれまで実によく働いてくれた。ありがとう」

東郷《とうごう》隊長の訓示《くんじ》は、いつものような口調ではじまった。だが、それにつづく言葉は、まったく思いがけないものだった。

「今後、中学生は自由行動とする。本土から援軍《えんぐん》がやってくるまで、各自がそれぞれ健闘するように。ふたたび呼び出しがあるまで、家族のもとに帰って待機せよ」

突然の解散ということである。

通信隊の中学生たちは、一人ひとり前に出て、武器を返納させられた。

何が何だかわからないまま、谷間の倉庫に行き、わずかな食糧を手わたされた。

いきなり解散といわれても、街は焼かれてアメリカ軍に占領《せんりょう》され、家族は山中に逃れて避難生活をしている。どこにいるのかもわからなかった。いつアメリカ軍に攻撃され、捕まるかわからない。

満足な武器も持たない中学生は、食糧を費やすばかりで、足手まといというわけだろう。

だが、戦争の真っただ中で自由行動だというのは、見捨てられたに等しい。

「いったい、おれたちはどこへ行ったらいいんだ」

「大湿帯《おおしったい》[1]の開墾地《かいこんち》で食糧増産をやっている。そこへ行ってみたらいい」

大湿帯へ行って増産隊に加われと指示された者もいる。

幸夫《ゆきお》たち通信隊の仲間は、言われるままに、大湿帯へ向かって多野岳《たのだけ》をあとにした。


「おれはここに残る」

比嘉親平《ひがしんぺい》は、防衛招集《ぼうえいしょうしゅう》で警備中隊にいる兄の親正《しんせい》と出会い、家族が名護岳《なごだけ》付近に避難していると聞いていた。多野岳周辺で遊撃戦をする予定の谷口《たにぐち》隊長に頼んで、鉄血勤皇隊《てっけつきんのうたい》に加えてもらった。通信隊のうち、前田泰弘《まえだたいこう》や伊波満《いはみつる》ら何人かも、谷口《たにぐち》隊長のもとに残った。

しかし、アメリカ軍は、八重岳《やえだけ》から去った兵士たちが多野岳に集結していることを探知《たんち》し、多野岳への総攻撃を急いでいた。

1　明治の頃に開墾された名護の山奥にある集落。梅の花で有名。

その日の午後二時過ぎ、南側斜面の雑木林のなかから、突然、アメリカ兵の一団が現れた。戦闘指揮所前に布陣《ふじん》した谷口《たにぐち》隊長率《ひき》いる三中学徒の部隊と衝突したのを皮切りに、激しい銃撃戦となる。このなかで、三年生の神山康寿《かみやまこうじゅ》が眉間《みけん》に銃弾をうけて即死した。

夕方になってアメリカ軍の攻撃がやみ、戦闘指揮所下の集結地点にもどって、神山《かみやま》が戦死したときの様子を聞いた。

「額の血をふいてやったら、とても無邪気《むじゃき》な表情だった」

仲間たちの目から涙があふれた。

他の小隊でも多数の死者が出たらしい。雨音に交じって、同僚《どうりょう》を追悼《ついとう》する軍歌の声が、もの悲しく聞こえてくる。多野岳の運命も、あとわずかなように思われた。

二四日が明けた。アメリカ軍の大攻撃が予想された。食糧も弾薬も残り少なくなり、負傷兵の数が急増している。

宇土《うど》隊長の命令で、学徒兵は三年生以上の頑強《がんきょう》な者だけを残し、あとは自由行動をとれということになった。

「ここに残る者は、最後の一兵にいたるまで立派に戦い、日本男児の本領《ほんりょう》を発揮するつもりである。解散となる諸君は、石にかじりついても必ず生き残ってくれ。祖国の将来のため、われわれの分まで努力してもらいたい」

谷口《たにぐち》隊長の訓令をうけ、午前一〇時ごろ、一・二年生など解散になった学徒たちは山を下りていった。といっても、名護《なご》をはじめ周辺地域はみなアメリカ軍の手に落ちており、前日の通信隊のメンバーと同様、ほとんどが大湿帯《おおしったい》へ向かった。

谷口《たにぐち》隊長のもとには三〇人ほどが残ってアメリカ軍の侵攻にそなえたが、この日の攻撃は多野岳《たのだけ》の頂上付近に対する迫撃砲《はくげきほう》の集中攻撃だった。

昼頃からいきなり無数の砲弾が落下して、爆音がとどろいた。多野岳の陣地はもともと地下壕や散兵壕《さんぺいごう》が造られていなかったから、身を隠す場所がなく、たちまち大混乱に陥《おちい》った。

宇土《うど》部隊に配属《はいぞく》され八重岳《やえだけ》から転進してきた宮里松正《みやざとまつしょう》（三年）は、地面に伏《ふ》せたが、左肩に砲弾の破片をうけて激しく出血した。

意識を失いそうになったが、崖の下の河原に飛び降り、岩陰に身を隠した。そこに逃れてきていた五年生の名嘉真武雄《なかまたけお》にうながされて、野戦病院にたどり着いたが、すでに人影がなかった。

「野戦病院は、さきほど大湿帯へ移転した。追いかけたほうがいい」

大雨のなか、名嘉真《なかま》から応急手当をうけたあと、宮里《みやざと》は大湿帯に向かった。

谷口《たにぐち》隊長のもとに残った比嘉親平《ひがしんぺい》も、迫撃砲がさく裂《れつ》するなか、頂上に駆け上ったが、気がつくと兵士たちの間で地面に伏せていた。砲撃がやむと、アメリカ兵が銃撃しながら攻めてきたので、北側の谷間に逃れた。

頂上を占拠《せんきょ》したアメリカ兵が谷間に向けて銃を乱射するので動くことができない。夕暮れになって、銃声がやんだので山道に出たが、方角がわからぬまま、ひとりでいると、大湿帯へ向かう上級生や下級生といっしょになり、同行することになった。

この日、多野岳はアメリカ軍の手に落ちた。

宇土《うど》隊長は、夕刻、支配下の各隊に「多野岳を撤収《てっしゅう》し、与那覇岳《よなはだけ》に転進せよ」という命令を出した。だが、護郷隊《ごきょうたい》や学徒兵に対しては何の命令もなかった。多野岳で軍を離れた中学生たちは、こうして、大部分がひとまず大湿帯を目指すことになる。

「おーい」

後ろから呼び声がする。ぞろぞろと足音が聞こえる。多野岳からやってきた学徒兵たちだ。

「おれより先に出たのにな」

比嘉親平《ひがしんぺい》は、足を引きずるようにやってくる級友たちの疲れきった顔を見つめた。

「とにかく大湿帯《おおしったい》をめざそう」

大湿帯には、去年の一〇月一〇日の十・十空襲のあと、沖縄各地の学校にあった御真影《ごしんえい》を集めた御真影壕《ごう》がつくられていた。御真影とは、天皇陛下・皇后陛下の写真である。教育勅語《きょういくちょく》《ご》が書かれた巻物も、沖縄のすべての学校から集められ、森の奥深くの建物に隠されていた。これらを戦火や敵の手から守ろうというのだ。三中の生徒も何人かが派遣《はけん》され、御真影を守る任務についているはずだった。

イタジイがうっそうと茂る山奥に、湿地の原野が広がっている。もともと住民が少ない土地だ。

ところが、大城幸夫《おおしろゆきお》たちは、大湿帯に着いて、目の前の光景に息をのんだ。アメリカ軍の攻撃を逃れて避難してきた人々がおし寄せて、足の踏み場もないほどだ。人々は前に進むこともできず、その場にすわりこんでいる。食べる物もなく、みな疲れ果てていた。

三中生たちは、やっとの思いで「食糧増産所」にたどり着いた。

食糧増産所の周りは柵《さく》で仕切られている。入り口には兵士が立っていた。

「中学生は、もう解散になったはずだ。命令があるまで自宅で待機していろ」

なかへは、入れてもらえない。

幸夫《ゆきお》たちは、空き家になっているセメント瓦《がわら》の立派な建物を見つけた。なかに入って休んでいたが、多野岳《たのだけ》を撤退《てったい》してきた宇土《うど》大佐の一行が来て、追い出されてしまった。

「これからどうしよう」

もうどこへも行くあては無い。彼らは、いくつものグループに分かれて、あたりをさまようほかなかった。

「うちへ帰ろう」

「でも、どこに避難しているかわからない」

「アメリカ軍に見つかってしまうよ」

学徒兵たちは、その日の食糧をもとめながら、アメリカ軍の攻撃をさけ、どこにいるかわからない家族を探して、歩きつづけなければならなかった。

大城幸夫《おおしろゆきお》は、痛む足をひきずりながら、同じ学年の友人とともに、大湿帯《おおしったい》をさまよった。

どこへ行ったらいいのだろう。

「鉄血勤皇隊《てっけつきんのうたい》だね。これから、おれたちは、中部へ行く。いっしょに行かないか。食糧も武器弾薬もたくさんあるそうだ」

幸夫《ゆきお》たちは、兵士のグループに声をかけられた。沖縄の地理に詳しい中学生を、道案内にしたいようだ。乾麺麭《かんめんぽう》の袋を手わたされ、口のなかにつばが広がった。

彼らの後についていった。その夜は野宿だ。

ぐっすりねむっていると、「オイ、オイ」と体をゆさぶられて、飛び起きた。

友人が月明かりの下で「静かに」と合図する。「逃げよう」という押しこめた声に、幸夫《ゆきお》はうなずいた。

「おれもそう思っていたよ」

「家族をおいてやんばるから離れたくない」

「それに、足を怪我していて、遠くへは無理だ」

二人は、忍び足で逃げ出した。

空がほんのり明るくなるころ、いとこの藤義《ふじよし》兄さんと出くわした。防衛隊に召集《しょうしゅう》されていて、多野岳《たのだけ》が陥落《かんらく》したあと、やはり大湿帯《おおしったい》へやってきたのだという。

「アンマー（お母さん）がいる避難小屋の場所がわかったよ」

幸夫《ゆきお》の家族は、名護岳《なごだけ》のうら、いとこの家族の近くに避難しているらしいという。だが、たどり着くまでには、アメリカ軍に見つからないように、爆撃をさけながら行かなければならない。

幸夫《ゆきお》は、ここで友人と別れ、藤義《ふじよし》兄さんの後についていくことにした。昼でも暗い森がつづく深い山中の獣道《けものみち》を、一日じゅう歩きつづけた。

避難小屋に着いて声をかけると、すぐに藤義《ふじよし》兄さんの妹がお母さんを呼びに走っていった。

半時ほどたって、ガサガサと森の奥から音がしたので身構えたが、母親の姿が幸夫《ゆきお》の目に飛びこんだ。

「幸夫《ゆきお》かい。よく生きて帰ってきたな」

お母さんは、涙声で言った。

「足の怪我《けが》、だいじょうぶかい」

お母さんは、幸夫《ゆきお》の前に腰をかがめた。

「幸夫《ゆきお》、ほら、お母さんがおんぶしてあげような」

「こんなに軽くなって、苦労したんだねぇ」

お母さんは、また涙ぐんだ。

幸夫《ゆきお》は、ようやく、生きて家族に再会できた。四月末のことだった。

大湿帯《おおしったい》で幸夫《ゆきお》と別れた比嘉親平《ひがしんぺい》は、あたりをさまようち、大城良夫《おおしろよしお》、中宗根勝巳《なかそねかつみ》、岸本《きしもと》嘉男《よしお》と出会って四人になった。同郷の嘉男《よしお》は踝《くるぶし》の傷を化膿《かのう》させて歩行が困難になっていたが、アメリカの偵察機《ていさつき》をさけながら歩きつづけた。

「芋《いも》はないかね」

通りすがりの人に、小さな子どもの手をひいた母親が、やせ細った手を差し出している。

戦争が長びくにつれ、避難民の生活はますます苦しくなっていた。

避難民は、米軍の爆撃を恐れて、昼間は、壕《ごう》や森のなかに隠れ、夜暗くなると、食料を探しまわった。よもぎ、つわぶき、山草の根までが、食べつくされてしまった。老人や子どもたちが、まず先に飢えて動けなくなっていく。

山中の獣道《けものみち》は、人がよく通る道になったが、餓死《がし》した人の死体が横たわっていた。死体は象のようにふくらんでいた。

あちこちをさまよい歩いた親平《しんぺい》は、江間川《えまがわ》上流の河原付近で、避難生活をする義理のお姉さんの一家に出会い、ひさびさにかや葺《ぶ》きの屋根の下でねむった。食料調達のために歩きまわり、アメリカ軍の警戒が緩《ゆる》んでいると聞いた多野岳《たのだけ》に行って、護郷隊《ごきょうたい》の炊事場《すいじば》だったところから放置された米を運びだして飢えをしのいだ。

五月一二日になり、お父さんが嘉男《よしお》のお父さんと連れだってやってきて、自分の家族の避難場所に帰れることになった。アメリカ軍に遭遇《そうぐう》したときのため、軍服を脱いでお祖母《ばあ》さんの遺品の着物に着替え、いくつもの谷をこえて、名護岳《なごだけ》東側のふもと、集落の人々が避難している場所にたどり着いた。

夕暮れの杉林を手探りで進むと、お母さんが飛び出してきて、親平《しんぺい》に抱きついて泣いた。

③「水をください」

多野岳が陥落《かんらく》したとき、東江康治《あがりえやすはる》は、瀕死《ひんし》の重傷を負って野戦病院のベッドにいた。

「おれは、絶対に生きのびるぞ」

野戦病院を這《は》い出した康治《やすはる》は、水のある谷間の川べりへたどり着いた。

長いあいだ食事をしていなかった。おなかがすいていたので、持っていた乾麺麭《かんめんぽう》を食べた。

その晩は、近くの林のなかで寝たように思うが、どこをどうさまよったのか、記憶がはっきりしない。

何日かして、谷口《たにぐち》隊長の下に残った三中学徒隊のうち、伊波満《いはみつる》ら数人が状況偵察をしていたとき、山道のわきの穴から人のうめき声が聞こえた。ひきあげてみると、東江康治《あがりえやすはる》だった。右胸の傷が治っておらず、息をするとブクブク泡が出る。よく生きていたと思うような重傷だった。よく覚えていないが、出会った仲間の肩に支えられて歩いているうちはぐれてしまい、穴に落ちたが這い上がる力がなかったと言う。

谷口《たにぐち》隊の拠点に連れていってもらい、手当てをうけた。

その翌日は四月二九日だった。

「今日は天長節《てんちょうせつ》[1]だ。みんなで宮城遥拝《きゅうじょうようはい》をしよう」

遥拝のあと、谷口《たにぐち》隊長は数人の生徒に、康治《やすはる》を家族のもとに届けるよう命じた。そのあとは、それぞれ自分の家族のもとに帰り、待機せよという命令だった。

康治《やすはる》は、学友たちに担《かつ》がれて谷口《たにぐち》隊と別れた。

その後、学友たちが、東江《あがりえ》家《け》とは知り合いのおばさんの避難所を探しあて、連れてきてくれたらしい。

気がついたときには、そのおばさんの避難小屋で寝ていた。

近くの避難小屋には、三中で同級生の大城哲夫《おおしろてつお》のお母さんがいた。助産婦《じょさんぷ》さんだったので、傷の手当てをしてもらうことができたのは幸運だった。

避難小屋で横になっている間も、爆撃の音が絶え間なく響き、その振動《しんどう》が地響きとなって、康治《やすはる》の体に伝わる。そのたびに激痛が全身に走った。

「待ってくれ。俺も行くから、待ってくれ」

撃ち抜かれた右胸の傷が悪化し、康治《やすはる》は熱にうなされた。

1　天皇の誕生日を祝う祝日。一九四八年、天皇誕生日と改称された。

「水をください。待ってくれ。待ってくれ。今すぐ、おれも行くから」

康治《やすはる》は、しきりにうわごとを言う。そのようすを避難小屋のおばさんと娘さんは、心配そうに見守った。


そのころ東江家《あがりえけ》では、康治《やすはる》の身を案じながら、一家が不自由な避難生活をつづけていた。名護岳《なごだけ》で護郷隊《ごきょうたい》とはぐれてしまった平之《なりゆき》は、何日もかけて避難小屋を探しだし、家族のもとにたどり着いていた。わずかな期間のあいだに、お父さんはすっかり痩《や》せてしまい、避難生活の苦労が感じられた。

「ここは街からあまり離れていないから、安全ではない。新しい小屋をつくろう」

平之《なりゆき》がもどると、お父さんは、山奥の土地を探して歩きまわり、小屋が建てられそうな場所を見つけてきた。

お父さんと二人で、近くの木を切り、柱を何本か組み立てた。草や木々で屋根を覆《おお》って、小さな避難小屋を完成させた。

「これなら、アメリカの飛行機が来ても、かんたんには見つからない。だいじょうぶだ」

新しい避難小屋は、険《けわ》しい山の奥だが、しばらく歩くと知り合いの人たちの避難小屋がある。これでひとまず落ち着くことができた。父の妹である叔母《おば》さん、妹の幸子《ゆきこ》たちと引っ越した。

妹の幸子《ゆきこ》は、まだ幼いときに母を亡くした。お母さんに甘えることを知らない妹がふびんだった。以前は走ったり跳《と》んだり、元気いっぱいだったのに、避難小屋で寝てばかりいる。栄養失調のせいではないかと平之《なりゆき》は心配でならない。

平之《なりゆき》は、夜になるのを待ち、谷川の音のするほうへ降りる。お目当ては、カエルだ。カエルを捕まえて煎《せん》じ、その汁を幸子《ゆきこ》に飲ませるのだ。栄養をつけるには、それ以外なかった。

「康治《やすはる》兄さんはだいじょうぶだろうか。どこで戦っているんだろう」

一家の気がかりは康治《やすはる》のことだった。

宇土《うど》部隊が八重岳《やえだけ》を撤退して多野岳《たのだけ》に転進したが、その多野岳もアメリカの攻撃で壊滅《かいめつ》したというわさだ。

平之《なりゆき》は不安でたまらないが、どうすることもできない。

そんなとき、お父さんが康治《やすはる》の情報を耳にしてきた。康治《やすはる》は重傷を負って、ある避難小屋で世話になっているというのだ。その場所も教えてもらった。

「すぐ迎えに行こう」

お父さんは、帰ってくるなり、平之《なりゆき》をせかした。

「兄さんをどうやって、ここまで運んできたらいいだろうか。板を持っていこうか、それとも背負って帰ってこようか」

軍隊にいるとき、負傷兵は戸板の上に寝かせ、険《けわ》しい山道を四人がかりで担《かつ》いで運んだ。

お父さんと二人だけでだいじょうぶだろうか。

平之《なりゆき》が考えこんでいると、お父さんが言う。

「とにかく行ってみてから考えよう」

父の言葉といっしょに、平之《なりゆき》も外へ飛びだした。

その日の夕刻、康治《やすはる》が世話になっている避難小屋を見つけることができた。父と親しくしている人が近くに避難していたので、道案内をしてくれた。

「康治《やすはる》……」

父たちの顔を見ると、横たわっている康治《やすはる》は、パッと目を開いた。

すっかりやせてしまっている。奇跡的に生きているという様子だ。

起き上がるのもたいへんそうだが、「すぐに帰りたい」という。食料もとぼしい避難生活をしているおばさんたちに、これ以上、迷惑はかけられないと思っているのだ。

「だいじょうぶだ。歩けるよ」

康治《やすはる》は、平之《なりゆき》の肩に支えられ、途中で何度も休みながら、東江《あがりえ》家の避難小屋へ帰り着いた。

五月七日のころだった。

第6章
学徒兵たちの終戦

戦場で再会した東江盛長と
次男・盛勇
（東江平之氏提供）

EVEN CHILDREN BECAME SOLDIERS

①　避難民の迷い

軍隊を離れ、家族のもとにたどり着いた学徒兵たちだが、それで平和な生活にもどれたわけではなかった。

暗号班の国吉真昭《くによししんしょう》のように、戦争のあいだに家族が亡くなってしまった者もいる。

一九四四年八月の学童疎開船対馬丸《そかいせんつしままる》がアメリカ潜水艦により撃沈された事件で、四人の弟、二人の妹とともにお母さんを亡くし、お父さんと二人だけの家族になってしまっていた。

そのお父さんが、四月一〇日に八重岳《やえだけ》の陣地へ真昭《しんしょう》に面会に来た帰り、アメリカ軍に銃撃されて死亡した。

真昭《しんしょう》は家族を失って、一人きりになってしまっていたのだ。

家族と再会できた中学生たちも、その家族はアメリカ軍の攻撃を逃れ、やんばるの山中に小屋をつくって、苦しい避難生活をつづけていた。砲爆撃とアメリカ軍の山狩り、飢えと伝染病の恐怖の毎日だった。

少年たちは、帰ったその日から、家族のために食糧調達に奔走《ほんそう》しなければならなかった。

アメリカ軍に出会わないよう、細心の注意をはらいながら。

負傷している大城幸夫《おおしろゆきお》は、お母さんと栄二《えいに》おじさんが毎日、豚の脂《あぶら》と塩を混ぜ、化膿《かのう》しないように傷口にすりこんでくれた。後頭部の痛みの原因だった砲弾の破片も、外にとりだすことができた。

傷が回復してくると、幸夫《ゆきお》も少しずつ遠くまで歩けるようになっていった。

ソテツを伐《き》って袋に入れ、担《かつ》いで避難小屋へもどった。ソテツの幹《みき》や芯《しん》を切り分けて天日干しする。それを箱に入れて発酵《はっこう》させたあと、くり返し水で晒《さら》して毒抜きし、でんぷんを作った。毒抜きが不十分だと命を失うから、緊張する作業だ。

比嘉親平《ひがしんぺい》は、三つに仕切られた山小屋の八畳の部屋を一〇人の家族で暮らしながら、衰弱《すいじゃく》した体力で、やはりソテツ採りなど食糧探しにかけまわった。

お母さんやお姉さんが昼のうちに集めておいた芋を、兄さんといっしょに馬を引いて取りに行く。暗くなってから出かけ、山の避難小屋へ運んできた。

そんなとき、親平《しんぺい》は同級生の仲本憲正《なかもとけんしょう》に出会った。谷口《たにぐち》隊長のもとで遊撃戦をつづけていたメンバーだ。最後まで残った二〇人ほどの学友も、五月下旬に名護岳《なごだけ》の裏手で解散したのだという。憲正《けんしょう》は安和《あわ》の家に帰る途中だった。

親平《しんぺい》は憲正《けんしょう》を避難小屋に案内して食事をごちそうし、アメリカ兵に見つからないルートを教え、再会を約束して別れた。

東江《あがりえ》家では、兄康治《やすはる》の生きるための戦いがつづいていた。

家族のもとに生きて帰ることができた康治《やすはる》は、避難小屋に着くなり、眠りつづけた。傷口が化膿《かのう》して、膿《うみ》がたくさん出る。皮膚は乾いて、白くなり、カサカサに干《ひ》からびてしまった。

康治《やすはる》は横になったまま、苦しそうな呼吸をしている。

「なんとか助けてやりたい」

康治《やすはる》と幸子《ゆきこ》の体のために食料を集めることが、平之《なりゆき》の一番の仕事だった。

「もっと栄養のあるものはないだろうか」

夕暮れになると、小さなたいまつを片手に、森のなかの道のないところを歩きまわった。

そして、カエルをとりに川へ寄るのが日課になった。


そのころ、中部地域では、日本軍とアメリカ軍の激しい戦闘がつづいていた。

沖縄本島中部の西海岸から上陸したアメリカ軍の本格的な攻撃は、四月八日からはじまった。戦車を先頭に火力にものをいわせたアメリカ軍の猛攻だが、地下司令部のある首里城《しゅりじょう》から一〇キロ北の嘉数《かかず》高地を中心に、洞窟《どうくつ》やトーチカ[1]に立てこもった日本軍の反撃もすさまじかった。一進一退、戦線は膠着《こうちゃく》し、双方ともおびただしい戦死者を出しながら激烈な戦闘がつづけられた。

嘉数高地がアメリカ軍に占領《せんりょう》されたのは四月二四日。日本軍はさらに一・五キロ南にある浦添《うらそえ》の前田《まえだ》高地に前線を下げて抵抗をつづけた。五月四日には総攻撃に出て失地を挽回《ばんかい》しようとしたが、味方の死傷者も急増。嘉数高地から首里司令部までのわずか一〇キロの地帯で五〇日間にわたる死闘がくり広げられたことになる。

しかし、首里を守る最後のかなめ、西方の五二高地（シュガーローフヒル）や、東方の運玉森《うんたまむい》（コニカルヒル）などが、激闘のすえ陥落《かんらく》した。

五月二二日には、アメリカ軍が那覇《なは》市内に入り、首里の日本軍司令部は追いつめられる。すでに六万五〇〇〇人の戦死者を出し、残存する兵士は多くの負傷者をふくめて五万人。戦争としての勝敗はもはや決していたが、日本軍にははじめから降伏《こうふく》の選択はなかった。ここで最後の決戦をして玉砕《ぎょくさい》するか、さらに南部に司令部を移して戦闘を継続するか。二二日に出した牛島《うしじま》司令官の決定は、次のようなものだった。

1　機関銃などをそなえたコンクリート製の堅固な防御陣地。円形・方形などに造る。

「軍の主力は消耗《しょうもう》してしまったが、なお残存する兵力と足腰の立つ島民をもって、最後の一人まで、そして沖縄島の南のはて、尺寸《せきすん》の土地の存する限り、戦いつづける覚悟である」

降伏ではもちろんなく、玉砕《ぎょくさい》でもなく、持久戦を継続する。最後の一兵まで戦いつづけるだけでなく、生き残った一般住民にまでそれを命ずるというものだった。

本土決戦の準備をする時間を少しでも長引かせるため、最後の一兵、全ての住民まで、降伏せずに戦いつづけよという、沖縄戦の本質をあらわす決定だった。

二九日に首里《しゅり》はアメリカ軍に占領されたが、日本軍は司令部を摩文仁《まぶに》に移し、戦いをさらに継続する。

南部の住民は、いっそう悲惨《ひさん》な戦闘に巻きこまれていくことになった。

中・南部での戦闘をつづけながら、アメリカ軍は北部地域のやんばる山中で日本兵に対する掃討戦《そうとうせん》をすすめ、避難民に対して山を下り投降《とうこう》するよう勧告《かんこく》をつよめた。

やんばるには、開戦前に軍の方針で南部地域から多くの人が疎開して来ていた。そのうえに、地域住民もほとんどが山中に逃れて避難小屋での生活となった。

もともと多くの避難民が食べていけるだけの食糧はない。人々は栄養失調に苦しみ、そのうえ劣悪《れつあく》な生活環境のもとで感染症が広がった。

とりわけ、中・南部から逃れてやってきていた人々は、老人や子どもをかかえた女性が多く、悲惨な状況に追いこまれた。

それでも地元の住民は、やがて集落近くに下りていって畑の芋を掘ったりすることもできるようになった。アメリカ軍に見つからないように、昼間は身を隠し、夜になると食べる物を探しまわった。

アメリカ兵と接触して、食品が入手できるときもあった。山を下りても、かならず殺されるわけではないらしいとわかってくる。

一方で、味方のはずの日本兵が、力ずくで食糧をとりたてることもしばしばだった。協力しないとスパイよばわりされ、避難民が殺される事件もおこった。

アメリカ軍に追い詰められて投降したり、あるいは、集落の人々で話し合って、山を下りる人たちも出てきた。

しかし、多くの避難民にとって、山を下りる決断をするのは、かんたんなことではなかった。

「日本軍が負けるはずがない。かならず、本土から援軍がやってくる」

「捕虜《ほりょ》になることは、いちばん恥ずかしいことだ」

そうした教えが、身にしみこんでいた。
追いつめられた状況のもとで、どのように行動したらいいのか。
三中生たちがおかれた避難生活は、そうした葛藤《かっとう》のなかにあった。

② フランク兄さん

東江《あがりえ》家の避難小屋では、康治《やすはる》の生死をかけた戦いがつづいていた。

「康治《やすはる》はだいじょうぶか」

自宅の近所に住み、おたがいに助け合って米作りをしてきた仲間たちが見舞ってくれる。

だが、弾丸が貫通した右胸は傷口から化膿《かのう》が広がり、長い間の栄養不足と貧血《ひんけつ》状態が、皮膚の色にも表れていた。避難小屋の生活では、一粒の薬もなかった。

「なんとかしなければ……康治《やすはる》兄さんをなんとか……」

平之《なりゆき》は、康治《やすはる》兄さんの病状が心配でたまらなかった。

お父さんは、避難小屋を出ると、暗くなるまでもどってこない日もある。康治《やすはる》が治療を受けられる方法はないかと、避難先の親戚や友人たちを訪ねてまわっているようだった。

そんなある日。

「アガリヤー」

少し離れた山中に避難小屋を建てていた父の友人が訪ねてきた。妹の幸子《ゆきこ》と仲良しの文子《ふみこ》ちゃんのお父さんだ。

「アガリヤーの家族を探しているアメリカ兵がいる。避難している者たちに、声をかけて聞いてまわっているそうだ。沖縄の言葉ができるらしい」

文《ふみ》ちゃんのお父さんの話はこうだ。

お姉さんといっしょに、文《ふみ》ちゃんは山のなかで食べ物になるよもぎを探して歩きまわっていた。すると、突然、目の前に大男の兵士が現れ、話しかけてきた。

「文子《ふみこ》ちゃんじゃないか。幸子《ゆきこ》がどこにいるか知らないか」

一瞬、震《ふる》えが走った。日本兵か。いや、敵の兵隊かもしれない。ところが、流暢《りゅうちょう》な沖縄の言葉を話す。やはり日本兵かな。文《ふみ》ちゃんは、その場に棒立《ぼうだ》ちになったまま、頭のなかであれこれと思いをめぐらせた。

そのまま、大男の兵士に連れていかれた。アメリカ軍の施設だった。しかし、文ちゃんとお姉さんは、何を聞かれても、口を真一文字にして、返事をしなかった。

夜の闇がやってきた。どうやって逃げようか。お姉さんとひそひそ声で相談したが、どこをどうやって逃げ出していいか、見当もつかなかった。その夜は留め置かれた。

やがて夜が明け、外は明るくなった。

姉妹は、こっそり逃げ出して、父や母の待つ避難小屋にたどり着いた。

「幸子《ゆきこ》ちゃんを探している兵隊さんがいたよ」

文《ふみ》ちゃんの話を聞いて、お父さんは、すぐに駆けつけてきたというわけだ。

「沖縄の言葉ができるアメリカ兵だ」

文《ふみ》ちゃんのお父さんの言葉に、平之《なりゆき》は、思わず父の顔を見た。

「父さん、……まさか、……」

お父さんも、口を開こうとして、目を丸くしたまま宙を見つめている。平之《なりゆき》も、その場で動けなくなった。避難小屋のなかでは、康治《やすはる》と幸子《ゆきこ》が寝ていた。遠くで爆撃のくり返される音がしている。米軍が山々を焼き尽くしているのだ。

ドドーン　ドドーン

その音が、平之《なりゆき》の胸にせまってきた。

平之《なりゆき》が言いかけて飲みこんだ言葉は、アメリカにいる二人の兄さんたちの名前だった。盛勇《せいゆう》兄さんと盛常《せいじょう》兄さん。東江《あがりえ》家の次男と三男だ。

アメリカとの戦争がはじまってから、家族のなかでも、その名前を口にすることは避けてきた。アメリカ国籍をもっているから、アメリカ軍の兵士になっていてもおかしくない。

「盛勇《せいゆう》か、盛常《せいじょう》だ。どちらかにちがいない！」

お父さんは、われに返って叫んだ。文子《ふみこ》ちゃんのお父さんも、黙《だま》ってうなずいている。

「会いに行く。アメリカ軍の本部に行ってくる」

お父さんはそう言うと、すぐに、おにぎりを二つ作り、出かけるしたくをはじめた。

「危ないよ。アメリカーに殺されてしまうよ」

平之《なりゆき》は、必死で止めようとした。

「いや、康治《やすはる》を何とか助けてやりたい。今のままでは死んでしまう。この避難小屋にいたんでは、康治《やすはる》は助からない」

心配の声をふりきって、お父さんは小屋を出て、木の枝を杖《つえ》がわりにして、山を下っていった。康治《やすはる》の命を救いたいという一心だった。

夕方になろうとしていた。

「お父さんはだいじょうぶだろうか。アメリカーに捕まってしまったかもしれない」

避難小屋で、平之《なりゆき》は、幸子《ゆきこ》やおばさんと気をもんでいた。

避難小屋から五、六〇メートルほど離れたところに自然にできた洞窟《どうくつ》（ガマ）があった。一家は、アメリカ兵に発見されないよう、昼間のうちはこのガマに隠れ、夕方の暗くなる前に避難小屋にもどるという生活をつづけていた。

この日も、日中は、避難小屋からガマに移り、隠れていた。夕方になったので、平之《なりゆき》、幸子《ゆきこ》、おばさんの三人は、避難小屋にもどった。まだ暗くなる前だったため、体の弱った康治《やすはる》はガマの隠れ家にいた。

そのときだった。遠くから、靴音が聞こえた。何人もの集団のようだ。

ドシッ　ドシッ　ドシッ

力強い靴音がいくつも重なって、確かに聞こえてくる。

平之《なりゆき》に緊張が走った。おばさんもひきつった顔をしている。

「隠れよう！」

次の瞬間、平之《なりゆき》たちは、康治《やすはる》のいるガマに全身の力を振り絞《しぼ》って駆けこみ、息をひそめた。

足音は、隠れ家の入り口前でとまった。二、三〇人のアメリカ兵だった。

心臓がドキドキして、止まりそうだった。

「盛勇《せいゆう》だ。盛勇《せいゆう》だよ」

懐《なつ》かしい声だ。東江《あがりえ》の家族を探しているアメリカ兵というのは、次男の盛勇《せいゆう》だった。アメリカでは、フランクと名のっていた。

アメリカで生まれ、アメリカ国籍を持っている盛勇《せいゆう》と盛常《せいじょう》は、戦争がはじまるとアメリカ軍の召集《しょうしゅう》をうけた。祖国である日本と戦わなければならない。

三男の盛常《せいじょう》は、日本との戦争はいやだと考えて拒否《きょひ》し、日系人の強制収容所に入れられた。アメリカ軍が太平洋の島々を侵攻《しんこう》し、沖縄上陸が近いと予想されるようになると、軍にいた次男の盛勇《せいゆう》はあえて沖縄派遣を希望する。弟の盛常《せいじょう》の分までも、沖縄の家族、人々を救わなければならないと考えたからだ。何度も何度もあきらめずに願い出て、とうとう沖縄へやってきた。日米両軍の激しい戦闘がつづいている四月三〇日のことだった。

夢に見たふるさとだが、目の前の山々、家々は爆撃で破壊されつくしていた。お父さん、弟たち、小さな妹たち、親戚の人々……。破壊された町並みを前にして、盛勇《せいゆう》はしばらく動けなかった。

一日も早く家族を見つけたい。盛勇《せいゆう》は、忙しい仕事の合間をぬって、「アガリヤーの次男だ。アガリヤーの家族がどこにいるか、知っている方はいませんか」と聞いてまわっていたのだった。

懐かしい兄さんの声だが、とっさに、平之《なりゆき》は叫んでしまった。

「ぼくは、絶対に山を下りない」

兄とはいえ、アメリカ軍の兵士だ。平之《なりゆき》は、引き裂《さ》かれる思いだった。

友達や康治《やすはる》兄さんの仲間たちは、いまも、この山中で戦っている。戦死した学友もいる。

「ぼくは絶対に行かない」

友達を裏切れないと思った。平之《なりゆき》は泣いていた。

いまは家にもどっているが、まだ戦争はつづいている。本土から援軍が来たら、また召集《しょうしゅう》があるはずだ。自分は最後まで、三中鉄血勤皇隊員《てっけつきんのうたいいん》として、闘おうと決意している。日本国の、皇国《こうこく》の少年兵士である。平之《なりゆき》は、心のなかで、自分にそう言い聞かせていた。

それなのに、敵国の兵士に降参するわけにはいかない。兄さんだといっても、敵国の兵士である。アメリカの軍服を着ているじゃないか。

康治《やすはる》も平之《なりゆき》も、盛勇《せいゆう》兄さんと顔を合わせるわけにはいかないと思った。分裂《ぶんれつ》した思いが康《やす》治《はる》にも、平之《なりゆき》にも渦巻いて、兄弟に会えた、兄さんが助けに来てくれたという気持ちにはなれなかった。

「出てきなさい。このままでは、康治《やすはる》は助からないよ。命だけは、助けてやりたい」

フランク兄さんは、ガマの前で、何度もくり返す。

「行かない、ぼくはここで暮らすよ」

平之《なりゆき》は、泣きながら叫んだ。

体の弱っている康治《やすはる》も、気持ちは平之《なりゆき》と同じだった。

だが、お父さんも、フランク兄さんも、康治《やすはる》をなんとしても、病院に連れていくと決意していた。康治《やすはる》を背負って、むりやり洞窟《どうくつ》から連れ出した。

しぶる平之《なりゆき》をそのままに、避難小屋の荷物は、フランク兄さんの指示を受けたアメリカ兵たちの手で、次々と片付けられていく。

じつはアメリカ軍の作戦計画によると、避難民に山を下りるよう呼びかけが強められることになっていて、この山野のあたりは、明日にも焼かれてしまう危険がせまっていたのだ。

フランク兄さんは、その前に必ず家族を救い出したいと、決意していたのだった。

あっという間に、避難小屋の中の生活用具は、すっかり片付けられてしまった。

平之《なりゆき》も、お父さんたちについて、山を下りるほかなかった。

六月二〇日ごろのことだった。

日本軍の敗北は決定的で、南部での戦闘は、悲惨《ひさん》なものになっていた。

五月二七日に司令部は首里《しゅり》から撤退《てったい》し、五月三〇日には最南端の摩文仁《まぶに》に移された。

激しい艦砲射撃《かんぽうしゃげき》のなか、梅雨がはじまって撤退は困難をきわめた。南部への道路が与那原《よなばる》と那覇《なは》を結ぶ街道と交わる南風原《はえばる》の兼城《かねぐすく》十字路は、「死の十字路」といわれるほど、南部へ逃れようとする住民や兵士の死骸《しがい》が折り重なった。南部には、この地域の住民や中部の戦闘地域から逃れた人々三〇万人がいて、戦闘に巻きこまれた。

撤退にあたって移送困難な傷病兵《しょうびょうへい》が毒殺や自決を強いられた。残っていた五万人の兵力は、アメリカ軍の攻撃により、三万人にまで減少した。日本軍は、摩文仁の司令部を守るため、八重瀬岳《やえせだけ》から与座岳《よざだけ》に陣地《じんち》を構築した。

六月六日から、八重瀬岳・与座岳へのアメリカ軍の攻撃が激しくなっていたが、一五日には八重瀬岳が、一八日には与座岳が陥落《かんらく》して、摩文仁の司令部は、後がなくなる。

六月二三日未明、牛島《うしじま》司令官が自決。日本軍の組織的な戦闘は終了した。

南部での戦闘の決着が見えてくると、アメリカ軍は、北部やんばるでの掃討戦《そうとうせん》と、避難民の収容にいっそう力をいれるようになった。

日本兵との銃撃戦や、避難民に下山を呼びかけるビラの散布がおこなわれ、いぶりだしのためにやんばる山中ではあちこちから煙があがった。投降した避難民の小屋をアメリカ軍が焼き払う炎が見えた。

こうした状況になって、集団で山を下りる人々が相次《あいつ》いだ。

比嘉親平《ひがしんぺい》のいる避難小屋には、六月二三日の昼、食料の調達から帰ってきた母と姉が、日本軍が敗北したらしいという情報をもってきた。

「明日から山にいる敗残兵《はいざんへい》の掃討戦をはじめるから、今日中に山から下りてこい」

アメリカ兵からそう言われたという。

家族や集落の人たちが集まって話し合ったが、なかなか結論が出ない。

翌日、本当にアメリカ軍の部隊が姿を現したため、山奥に逃げこんだが、何人かが捕まって連れ去られた。

親平《しんぺい》とお兄さん以外の家族は、夜のうちに荷物をまとめ、夜明けをまって集落の人たちとともに、集団で列をつくって山を下りていった。

まだ下山をしぶっている家族もいたが、夜になると、アメリカ軍が避難小屋を焼く山火事があちこちに見られ、急いで山を下りるほかなかった。

捕虜《ほりょ》になることをおそれて、親平《しんぺい》は下山をためらっていたが、三〇日になると、威嚇《いかく》のための砲弾が撃ちこまれるようになる。

「アメリカ軍は明日から本格的な掃討戦《そうとうせん》をやると言っているよ」

お母さんと弟が、説得のために訪ねてきた。

もはやこれまで。翌朝、親平《しんぺい》はお母さんや弟とともに小屋を出た。山を下ってくると、谷間から人々が続々と出てきて、行列ができていた。

この間、谷口《たにぐち》隊長のもとで戦いつづけた鉄血勤皇隊《てっけつきんのうたい》は、五月下旬ごろ名護岳《なごだけ》付近で解散した。最後まで残っていた三中生は二〇人ほどだったという。解散の直前に別行動に移った伊《い》波満《はみつる》は、一人で嘉陽《かよう》の山々を転々としたあと、アメリカ軍の掃討戦にあい、投降《とうこう》して瀬嵩《せだけ》の収容所に入った。八月上旬だった。

鉄血勤皇隊として宇土《うど》部隊にいた金城弘道《きんじょうひろみち》は、八重岳《やえだけ》から多野岳《たのだけ》への撤退《てったい》のさい、羽地《はねじ》街道を突破できず、嵐山《あらしやま》の山中で他校の鉄血勤皇隊員ら七名と潜伏《せんぷく》活動をつづけたが、訪ねてきたお母さんたちの説得をうけ、ついに九月下旬、潜伏生活を切り上げた。

こうして、三中学徒隊の「兵士」たちは、それぞれの時点で、さまざまな場所で、「終戦」をむかえることになった。

③ 川上カンパンで

山を下りて投降しても、もとの自分の家にもどれるわけではなかった。アメリカ軍の尋問《じんもん》所《しょ》で荷物検査と尋問をうけ、出身地ごとに指定された収容地区に送られることになる。

アメリカ軍は、北部地域を中心に民間人の収容地区を設け、中・南部でとらえた民間人を船で運んで居住させていた。名護周辺では、田井等《たいら》・瀬嵩・大浦崎《おおうらさき》などが収容地区とされ、避難していた地元住民も、アメリカ軍が決めたところに住まなければならなかった。

そして、アメリカ軍から証明書を発行してもらわなければ、食料の配給をうけられなかったが、さらに日本軍の兵士だったことがわかると、捕虜《ほりょ》にされる場合もあった。

有線班だった安谷屋晋作《あだにやしんさく》は、多野岳で解散のあと大湿帯《おおしったい》に行き、さらに避難小屋にいる家族のもとに帰ったが、集落の人たちと集団で山を下り、瀬嵩収容地区の嘉陽で警察官の仕事についた。

ところが、しばらくしてアメリカ兵がやってきて連行された。「きみは鉄血勤皇隊だったね」といわれ、トラックに乗せられて、捕虜収容所であった屋嘉《やか》収容所に送られた。

日本軍兵士だったということで、捕虜《ほりょ》となったわけである。ここで八月二〇日ごろまで、山に残っている住民や兵士にむかって、マイクで下山を呼びかける仕事などをさせられた。

フランク兄さんの迎えで、山を下りた東江《あがりえ》一家では、康治《やすはる》がただちに病院へ担《かつ》ぎこまれ、治療を受けて一命をとりとめることができた。

平之《なりゆき》たち家族は、田井等《たいら》収容地区に送られ、羽地《はねじ》の伊差川《いさがわ》にある焼け残った民家を割り当てられた。

一軒家に五家族、一部屋に一家族が詰《つ》めこまれた。狭いなどといってはいられない。屋根のある家は何か月ぶりだろう。やっと落ち着くことができた。

だが、平之《なりゆき》はたった一晩しか家族といっしょにはいられなかった。

田井等《たいら》収容地区に落ち着いた翌日の朝早く、平之《なりゆき》はアメリカ軍本部が置かれている羽地小学校に出かけた。尋問《じんもん》をうけるために、本部から呼び出されたからだ。

アメリカ軍は、元日本兵だった者と、一般の人を区別して、元兵士を厳しくあつかった。

「ぼくはどうなるのか。どこか遠い島にでも連れていかれるのだろうか」

尋問の順番が来た。アメリカ軍の係官にじっと見つめられた。

緊張で体が硬直《こうちょく》した。

ところが、尋問はごくかんたんなものだった。名前、生年月日、戦争中に何をしたか問われただけだった。平之《なりゆき》が正直に答えると、「オーケー」と言われた。

あっけない尋問だった。この尋問が、兵士だったことを確認するためのものだったのか、働ける者とそうでない者をより分けるためのものだったのか。正確なところはわからなかったが、平之《なりゆき》には鉄血勤皇隊員《てっけつきんのうたいいん》だったことが問題にされたように感じられた。

「ぼくはアメリカ軍の捕虜になった」

そう思った。

中学生でありながら二等兵にされ、今度は日本軍兵士だったからといって、アメリカ軍の捕虜になったことになる。一四歳の捕虜。

平之《なりゆき》は、そのまま、大勢の人たちといっしょにアメリカ軍のトラックに乗せられた。

細い道は山から下りてきた避難民でごった返している。その間をすり抜けるようにトラックは走っていく。平之《なりゆき》は体を固くして周りの風景を見つめた。水田の跡が点在して、あちこちに水たまりができている。

まもなくトラックは速度を落とし、有刺《ゆうし》鉄線の高いフェンスに囲まれた捕虜収容所に入っていった。羽地村田井等《はねじむらたいら》収容地区川上《かわかみ》に設けられた川上カンパンだ。カンパンとは、収容所という意味だ。平之《なりゆき》は、ここに収容された。

川上カンパンは、幅《はば》一〇〇メートル、奥行き一五〇メートルほどの平坦《へいたん》な土地で、周囲は高さ三～四メートルの有刺《ゆうし》鉄線のフェンスが二重にはりめぐらされている。その四隅《すみ》には監視塔があって、サーチライトと機関銃がそなえられていた。

敷地内には、縦五メートル、横二〇メートルぐらいの大きなテントが一〇個ほど建てられている。そこに三〇～四〇人ずつ詰《つ》めこまれた。収容者に与えられたスペースは畳《たたみ》一畳《じょう》程度だ。といっても、ベッドがあるわけではない。平之《なりゆき》は、大人に混じって雑魚寝《ざこね》をした。

敷地の中央に炊事場《すいじば》があった。収容者は各自の食器を持っていって食べ物を入れてもらう。食堂も食卓もないので、そのまま立って食べる。あるいは、外の丸太や箱など座れる場所を見つけて食べる。

食べて、働き、寝るだけの生活だ。

朝になると、ゲート前にはトラックが何台も待機していた。平之《なりゆき》たちが荷台に乗って待っていると、その日の作業場に連れていかれる。どこで働くのか、行き先を教えてもらえることはなかった。

飛行場や、倉庫の建設現場など。米軍は、日本軍との本土決戦にそなえて、準備を進めていた。

平之《なりゆき》は休むことなく働かなければならなかった。それをアメリカ兵が銃を構えて、一日中監視している。

「殺されるかもしれない」

絶《た》えず恐怖に駆られる。平之《なりゆき》は、この現実に圧倒《あっとう》された。

「日本は負けたんだ。おれたちは負けたんだ」

あきらめと悔《くや》しさがこみ上げる。

負けるはずがないと信じ切っていた。

三中の配属将校《はいぞくしょうこう》も、やんばる山中の日本軍陣地《じんち》の兵士たちも、日本軍は絶対に負けるはずがないと毎日言っていた。だから、フランク兄さんが避難小屋に来たときも、絶対に嘘《うそ》だと思った。

だが、今は敵国の兵士に絶えず銃を突き付けられている。この現実に、自分の信じていたことが、がらがらと崩《くず》れていくのを感じた。

川上《かわかみ》カンパンに入ってから、名前を一度も呼ばれたことはなかった。

「誰もぼくのことを知らない。消えたってわかりはしない」

だからと言って、この場所から逃げられるはずはなかった。

入所して間もないころだった、夜中にサイレンが鳴り、サーチライトが激しく点滅して目覚めた。するどい銃撃音。翌朝、外に出てみると、射殺された死体が転がっていた。脱走しようとして撃たれたのだ。死体はいつまでもそのまま放置されていた。それは捕虜《ほりょ》たちへのみせしめなのだと、一四歳の平之《なりゆき》にもわかった。

ある日、突然、高熱に襲われた。寒気と震《ふる》えがくり返しやってくる。全身がだるく動けない。平之《なりゆき》はマラリア[1]に罹《かか》ってしまった。すぐに病院へ隔離《かくり》された。

高熱と全身のふるえがくり返し襲ってくる。

「戦争に負けたのだから、しょうがない」

平之《なりゆき》は、二か月の間、苦しい日々をひたすら耐《た》えた。

病気がなおると、再び、くる日もくる日も、トラックで仕事場に運ばれた。

1　熱帯・亜熱帯に多いマラリア原虫感染症。パマダラカが媒介する。

平之《なりゆき》は仕事の往復のとき、トラックの荷台からカンパンの外の様子に目を凝《こ》らした。その後も日本軍の敗残兵《はいざんへい》に対する掃討戦《そうとうせん》と、避難民への下山勧告《げざんかんこく》がつづいていた。

山を下りるように呼びかけるビラの散布、洞穴などのいぶりだしのためにあちこちから煙が上がっていた。投降《とうこう》した避難民の小屋を焼き払う炎が見える。

「デテコーイ、デテコーイ」

マイクを持った米軍の兵士ばかりでなく、日本人もいっしょになってメガホンを持ち、くり返し声を張りあげている。彼らの呼びかけは日ごとにいっそう激しくなって、やんばるの山々や村や町に響きわたっていた。集団で山をおりる人々が相次《あいつ》いだ。

八月一五日、それぞれの収容地区では、アメリカ軍がラジオのボリュームをいっぱいにあげて、天皇の「玉音放送《ぎょくおんほうそう》」[1]を流した。浮かれたアメリカ兵たちがビールで乾杯《かんぱい》するのを横目に見て、人々は本当に日本が負けたことを自覚させられた。

しかし、川上《かわかみ》カンパンにいた平之《なりゆき》には、なぜかこの日の記憶がない。いつもどおりの作業がつづいた。

1　昭和天皇が「終戦の詔書」を朗読した放送。多くの国民はこの放送で日本の敗戦を知った。

一一月の上旬、何の説明もなく、収容所の扉が開かれて、平之《なりゆき》の戦いの日々は終了する。

それより前の九月二日、東京湾のミズーリ号上で連合国との降伏文書《こうふくぶんしょ》の調印[1]がおこなわれ、九月七日には、沖縄の日本軍を代表して宮古島《みやこじま》の第二八師団長納見《のうみ》中将らとアメリカ第一〇陸軍司令官スティルウェル大将らとのあいだで降伏文書調印のセレモニー[2]がおこなわれた。

国頭《くにがみ》の山中にこもっていた宇土《うど》大佐は、一〇月二日に戦闘を停止し、同月中旬にはアメリカ軍の収容施設に入った。さらに、少数の隊員とともに遊撃戦《ゆうげきせん》を継続していた村上《むらかみ》大尉も、翌年一月三日、山を下りることになる。

1 日本側は重光外務大臣と梅津参謀総長、連合国側はアメリカのマッカーサー司令官をはじめ九カ国の代表が調印した。

2 沖縄の全日本軍は無条件降伏を受け入れるという降伏文書に署名し、沖縄戦は終結した。

第7章

のりこえて生きる

三中学徒之碑（写真提供：名護博物館）

EVEN CHILDREN BECAME SOLDIERS

① 学校再開

一九四五年一〇月になると、収容地区にいた人々は、もとの住居に帰ることが許された。しかし、多くの人は家が戦火のために焼けてしまっている。田畑もすっかり荒れはてていた。その日その日の食べ物を手に入れることも大変だったが、なんとか木材を探して小屋を建て、新しい生活をはじめなければならなかった。

東江平之《あがりえなりゆき》の生家があるアメリカスージ一帯は、帰ってみると、すでにアメリカ軍の軍用地として使われていた。家は焼けてしまい、ブルドーザーで踏みならされていた。

さいわいに、親戚の一軒家を借りることができたが、お父さんは田畑を整備しながら、新しい家を建てるための資材探しに奔走《ほんそう》した。

大城幸夫《おおしろゆきお》は、もとの家が引き倒されて無くなっていた。近所に住まわせてもらったあと、木材を手に入れて新しい家を造り、お母さんや妹たちと落ち着くことができた。浩《ひろし》兄さんも、今帰仁《なきじん》の収容所からもどってきた。

パラオで別れたきり連絡がとれなかったお父さんは、現地で軍に召集《しょうしゅう》され、戦死していることがわかった。五月のことだという。幸夫《ゆきお》たちが八重岳《やえだけ》・多野岳《たのだけ》から敗走し、やんばるの山中で避難生活をおくっていたころになる。

幸夫《ゆきお》には、お母さんや妹を助ける責任が、いっそう重くなった。朝から晩まで畑に出て働いた。

畑は土が見えないほど、石ころやがれき類の山になっていた。まず、これらを取り除くことからはじめる。そのつぎは、鍬《くわ》で土を掘り起こす。

忙しい毎日がつづいていたある日。

「学校がはじまるらしいぞ」

「三中が再開される」

そんなうわさが聞こえてきた。

「そうだ。おれは中学生だった」

考えてみれば、幸夫《ゆきお》たちは、学業半ばにして、学校から戦場に送りこまれたのだった。そして、突然の解散命令をうけ、そのまま放り出されてしまった。それからは、生きるのに精いっぱいで、中学生だったことも忘れてしまっていた。

「いろいろなことがありすぎて、学校へもどることを思いつかなかった」

幸夫《ゆきお》は、むしょうに勉強がしたくなった。

学校で友だちと机を並べた日々が、恋しくなった。


年が明けた一九四六年一月下旬。

学徒隊《がくとたい》の仲間たちは、ひさびさに旧三中の校門をくぐった。三中は名護《なご》で焼け残った数少ない建物で、アメリカ軍の野戦病院として使われていた。その一部で、開校式がおこなわれた。

幸夫《ゆきお》は、前の晩はうれしくて眠れなかった。ちょうど一年前、通信訓練がはじまったとき以来の学校生活だ。

「やあ、生きていたのか」

「おまえこそ、生きていたんだな」

再会を喜ぶ声がとびかった。

アメリカ軍は沖縄を占領《せんりょう》したあと、学校再開をいそぎ、収容地区のなかで青空教室を開き、子どもの授業をはじめていたが、新たに「八・四」制の教育制度をスタートさせた。[1] 八年間

1 一九四八年からは、日本の新制度と同じ「六・三・三」制に改められた。

の初等学校を義務教育とし、そのあとを四年制の高等学校に進めるようにする。旧来の中学校は、新しい制度での高等学校に改められた。

もとの沖縄県立第三中学校は、新しく「田井等《たいら》高等学校」という名称で再開されることになった。田井等はもともと羽地《はねじ》地区の一地域だが、羽地収容地区の中心としてアメリカ軍の施設が多数つくられたため、名護周辺の地域全体が田井等という名称で呼ばれるようになっていた。

新しい田井等高校は、男女共学で、もとの第三高等女学校と三中とが一つになってできた学校と言っていい。授業は、やはり焼け残っていた第三高女の校舎でスタートした。この年の一〇月になってから、もとの三中の校舎も使えるようになった。

幸夫《ゆきお》たちは、三中の三年生の最後の時期に召集《しょうしゅう》され、そのまま戦争に突入してしまった。今度は四年生の三学期からスタートし、七月まで授業をして、新しい四年制高校の卒業ということになる。

一年生の終わりに召集された平之《なりゆき》らは、二年生の三学期から再スタートし、四年生が終わる一九四八年三月に卒業になる予定だ。

学校が再開された。そうはいっても、勉強する環境は、戦争前とはまったく変わってしまっていた。

教室には机もイスも黒板もなかった。アメリカ軍が使っていた木製の板を切って長い机にし、木箱や板をわたしてイスにした。黒板はベニヤ板に黒のペンキを塗《ぬ》ってつくった。教科書もできていないので、先生が一生懸命に板書《ばんしょ》した。ノートも、紙製のセメント袋や配給《はいきゅう》の小麦粉の袋をきれいに拭《ふ》いて、四角く切り重ねて綴《と》じて作った。

制服はなく、ほとんどの生徒がアメリカ軍から払い下げられた野戦服、ブカブカの軍靴、緑色の軍帽というかっこうだ。野戦用のショルダーバッグを肩にかけている生徒もいた。

「日本は特別な国だから負けるはずがない、神風《かみかぜ》が吹いて助けてくれる」などと、なぜみんなが疑わなかったのか。

最敬礼をさせられていた奉安殿《ほうあんでん》は、すでに撤去《てっきょ》されている。御真影《ごしんえい》に頭を下げ、わけもわからない教育勅語《きょういくちょくご》を暗誦《あんしょう》させられたのは、何だったのか。

本土決戦の時間稼ぎのための捨て石として、はじめから勝つ見込みのない戦いのために、沖縄では少年までが兵士にされた。負けたあとは、沖縄だけが、アメリカ軍の直接支配のもとで苦しめられている。どうしてなのか。

幸夫《ゆきお》は、考えなければならないことが、無限にあると思った。

勉強しなければならないことが、山のようにあった。

みんながお腹をすかせ、自分自身や家族の生活に追われていたが、先生の話を一言も聞きもらすまいと必死だった。生徒たちは、知識欲に燃えていた。新しい知識、新しい考え方を求めて、食いつくように熱心に勉強した。


再開された学校は、貧しかったけれど、活気に満ち、楽しかった。空には、偵察機《ていさつき》（トンボ）も戦闘機も飛んでこない。爆音も聞こえない。友人たちと再会できて、以前の学校がもどったように思った。

しかし、やはり、胸のなかにはいつも何かがつかえ、気になっている。帰って来なかった友たちのことだ。いや、帰って来られなかった友たちのこと。中学生のまま、軍隊に召集《しょうしゅう》されて戦わされ、傷つき倒れて、そのままもどって来ることができなかった仲間たちのことだ。

幸夫《ゆきお》は学校から帰宅すると、家族のための食糧生産に忙しく働いた。畑に出て、土を掘り起こした。

ふと顔を上げると、夕焼けの空が広がっている。

「もうこんな時間か」

鳥たちが群れをなして山の向こうに飛んでいく。鳥たちの群れは、四角になったり、丸くなったりして遠くに飛んでいく。

「おれたちみたいだな。おれたちのクラスも群れになって走ったり、飛んだりしていた……」

つぎの瞬間、夕暮れの空も鳥たちも、やんばるの山々もかすんで見えなくなった。

涙があふれてきた。

「会いたいよ。会いたいよ」

「帰ってきてくれー、帰ってきてくれー」

幸夫《ゆきお》は鍬《くわ》を持って立ちつくしたまま、声をあげて泣いた。

② 三中学徒の碑

戦争が終わったあとも、沖縄はアメリカ軍による占領統治《せんりょうとうち》[1]のもとにおかれた。広大な土地がアメリカ軍の基地にされた。

ねばり強い運動の結果、沖縄が本土に復帰したのは一九七二年。本土復帰とはいっても、基地の大部分は以前と変わらず、人々の願いは容易《ようい》に実現しなかった。

だが、かつての三中生たちも、社会のなかで責任のある立場に立ち、生活にも多少ゆとりができるようになった。そうなると、いつも思い出されるのは、沖縄戦で亡くなった友人たちのことだ。かけがえのない仲間を失った無念の思いは、年月とともにそれぞれの胸につのるばかりだった。

一九七五年春のある日。

「八重岳《やえだけ》、真部山《まぶやま》に登ろう」

1　一九五二年サンフランシスコ平和条約が発効、日本は主権を回復するが、沖縄はその後もアメリカの統治下に置かれ、アメリカ軍が沖縄に設置した琉球列島米国民政府の下部組織として琉球政府が設立される。しかし、自治権は制限されていた。

「あれから、もう三〇年になった」

通信隊の暗号班だった国吉真昭《くによししんしょう》さん、無線班所属の仲村宏春《なかむらひろはる》さん、宮城光吉《みやぎみつよし》さん、前田泰《まえだたい》弘《こう》さんは、誘い合って、かつての戦場に出かけた。

一行は真部山《まぶやま》北側の渡久地《とぐち》方面から車で行けるところまで行き、そこで車を降りた。持参の握り飯で腹ごしらえをしてから、正午過ぎに登りはじめる。そろそろハブが出はじめる季節だというので、医師になっている仲村宏春《なかむらひろはる》さんは、ハブ対策の血清《けっせい》[1]まで用意してきた。

ところが、この登山は、予想を超えて険《けわ》しい道中となった。

「道がまったくない。どこを歩いたら頂上まで行けるんだろう」

「おーい、こっちのほうが登りやすいぞ」

三〇年前とちがい、獣道《けものみち》すら見つからない。おたがいに声をかけ合い、体よりも高くのびたススキをかきわけ、たれさがったツタを払いのけながら、一歩一歩進む。木の根につまづき、苔《こけ》むした岩に足を滑《すべ》らせながら、なんとか山々が見わたせる稜線《りょうせん》に出た。

汗をかいた体に、山を吹きわたる風が快い。

すでに日が西に傾きかけていた。

1　ハブは全長一～二メートルにもなる大型の蛇で猛毒を持つ。ハブに噛まれた際には血清による治療をおこなう。

「あの小高くなったところが戦闘指揮所だった場所だ」

「その手前が、無線班の壕《ごう》だ。まちがいないよ」

「この稜線《りょうせん》を登りきったところで敵弾にやられたんだ」

戦いに倒れた友の顔が、昨日のことのように思い出される。最後に別れたときの姿が目に浮かび、みな口数が急に少なくなった。

山の日暮れは早い。

ヒュー、ヒュー、ヒュー、ヒュー
海から夕風が押し上げてきて、イタジイの森の木々がざわざわと鳴り響く。

「亡くなった仲間たちのすすり泣きのように聞こえる」

四人は動くこともなく、しばらくその風音を聞いていた。

「彼らの最期の姿を知っているのは、我々だけなんだ」

国吉《くによし》さんが、くぐもった声で言った。

「そうだ。彼らがこの世に存在し、郷土のために命をささげたこと、もっともっと生きたかったこと、その思いを、我々がなんとか後世に伝えなければならないと思う」

仲村《なかむら》さんは、長い間胸に温めていたことを切り出すと、さらに言葉をつづけた。

「真部山《まぶやま》か八重岳《やえだけ》に、死んだ仲間たちの名前を刻んだ碑《ひ》を立てられないだろうか」

「おれも同じようなことを考えていた」

ほかの三人もたがいの顔を見合わせて、大きくうなずいた。

「これを同期会に提案しよう」

沖縄戦のとき、生死の境をともに助け合ってくぐり抜けてきた同級生たちは、「三・三会」という同期会をつくっていた。あのとき、三中の三年生だったという意味だ。

真部山《まぶやま》山頂で熱い思いを語り合った一行は、間もなく開かれた三・三会の会合で、仲村《なかむら》さんの考えを提案した。提案に対して、いろいろな意見が出された。

死亡した生徒のなかには、通信隊や鉄血勤皇隊《てっけつきんのうたい》に召集《しょうしゅう》された者のほか、中・南部の戦闘で戦死した者、登校途中や疎開《そかい》の途中に空爆で犠牲《ぎせい》になった者もいる。三年生では、大兼久《おおがねく》正《ただし》・喜納政三《きなせいぞう》・仲兼久保《なかがねくたもつ》・比嘉正春《ひがまさはる》・古堅宗憲《ふるげんそうけん》・山入端久家《やまのはひさいえ》君らが、軍事訓練・通信訓練中の二月に、中・南部に布陣する部隊へ入隊することになり、いずれも戦死していた。

「それでは、当時、三中でいっしょに学びながら、沖縄戦で犠牲になった仲間たち全員の慰《い》霊碑《れいひ》を立てたらどうだろう」

弁護士になっていた宮里松正《みやざとまつしょう》さんが新たな提案をした。

その後まもなく仲村《なかむら》さんの家に、前田泰弘《まえだたいこう》・吉村正一《よしむらしょういち》・識名盛敏《しきなせいびん》・謝花良慶《じゃはなりょうけい》・金城巌《きんじょういわお》さんたちが集まった。

「八重岳《やえだけ》に碑《ひ》を建てて、慰霊祭《いれいさい》をやろう」

慰霊碑《いれいひ》設立が決まると、国吉真昭《くによししんしょう》・仲村宏春《なかむらひろはる》・前田泰弘《まえだたいこう》さんたちは、仕事の合間をぬって南部の激戦地跡に建つ慰霊塔《いれいとう》を訪ねてまわった。

二〇〇人以上の犠牲者を出した沖縄師範《しはん》学校の「沖縄師範健児之塔《けんじのとう》」は摩文仁《まぶに》の丘に一九四六年に建てられていた。五〇年には首里《しゅり》に県立第一中学校「一中健児之塔」、五七年には那覇《なは》に第二中学校「二中健児の塔」が造られる。つづいて、県立沖縄水産学校、県立工業学校、県立農林学校、那覇市立商工学校と、学徒隊の慰霊碑が建設され、七一年には私立開南《かいなん》中学校の「開南健児之塔」が激戦の地米須《こめす》に完成した。看護要員《かんごよういん》として動員された師範学校および第一高等女学校のひめゆり学徒隊「ひめゆりの塔」、第二高等女学校の白梅《しらうめ》学徒隊「白梅之塔」、県立首里高等女学校の瑞泉《ずいせん》学徒隊「ずゐせんの塔」も建立されている。

「三中学徒隊の碑を、ぜひとも造らなければならない」

三・三会の会員たちは、決意を新たにした。

まず、碑文《ひぶん》に刻む名前の確定に取りかかった。沖縄戦での死亡者を確定するため、手分けして情報を集めた。

名前しらべのつぎにやることは、石探しだった。

「石碑《せきひ》の石は、戦死した学友の霊魂《れいこん》が宿ったものにしなければならない」

名護《なご》で設計士になっている比嘉親平《ひがしんぺい》さんが、石碑の選定、作成を担当することになった。

艦砲射撃の嵐のなかを逃げまどった日々。大怪我《けが》をして、血を流し、動けなくなった仲間たちの姿が目に浮かぶ。

「高価な名石を他の場所から購入するのでなく、学友たちが血を流した真部山《まぶやま》・八重岳のあたりで探そう」

比嘉《ひが》さんは、やんばる山中を朝から暗くなるまで歩きまわった。真部山・八重岳一帯の谷間という谷間を何日もかけてくまなく歩き、ようやく申し分のない立派な石を見つけ出した。すぐに名護在住の三・三会メンバーに連絡。苦労して運び出した。

碑名の文字は、相談して、当時四年生だった浦崎康哲《うらさきこうてつ》さんに依頼して書いてもらうことに決めた。

石碑《せきひ》をどこに建てるかが、一番大きな課題だった。

年末になって、那覇《なは》から仲村宏春《なかむらひろはる》・島繁勇《しまはんゆう》・吉村正一《よしむらしょういち》・前田泰弘《まえだたいこう》・国吉真昭《くによししんしょう》さんたち、名護《なご》に住む比嘉親平《ひがしんぺい》・山川元亮《やまがわげんりょう》さん、三・三会副会長の当山一夫《とうやまかずお》さんらが集まり、八重岳《やえだけ》一帯の現地踏査《とうさ》を実施した。

八重岳山頂から少し下り、宇土《うど》部隊の本部壕《ごう》と野戦病院があった場所の近くで、メンバーは足を止めた。

そこは、八重岳山頂に向かう途中で、海側には、紺碧《こんぺき》の海原に伊江島《いえじま》がくっきりと見える。道を挟んだ山側には、イタジイの森がつづき、真部山《まぶやま》へとつながっていく場所だった。

「このあたりは、本部《もとぶ》町の土地だろうから、協力してもらえるかどうか、町役場で聞いてみよう」

早速、町長に話すと、戦死した宮城有章《みやぎゆうしょう》君とは小学校の同期生だったとのこと。

「この一帯は、桜の名所として整備する計画です。まもなく、計画が動き出すところですよ。ぜひ、立派な碑《ひ》を立ててください」

募金も集まり、年が明けると工事も順調に進みはじめた。

敷地を造成して台座を造り、真ん中には「三中学徒之碑」と書いた銅版を埋《う》めこんだ石を置く。左側の碑の菩薩《ぼさつ》像のレリーフは、学徒の姿をかたどったものを、古我知《こがち》焼の窯《かま》で焼いてもらった。その下に戦没学徒八七名の名前が刻まれた。
向かって右側の石碑の碑文は、国吉《くによし》さんが苦労してつくり、三中時代の恩師でその後、琉球《りゅうきゅう》大学で国文学を教えている嘉味田宗栄《かみだそうえい》先生に添削《てんさく》してもらうことになった。

太平洋戦争も末期の昭和二十年三月　米軍の烈《はげ》しい砲爆撃の中を　沖縄県立第三
中学校生徒数百名は　軍命により通信隊要員《つうしんたいよういん》または鉄血勤皇隊員《てっけつきんのうたいいん》としてあるいは
繰《く》り上げ現役入隊の形で　郷土防衛の戦列に馳《は》せ参じた
四月一日　米軍の沖縄本島に上陸するや　陸上戦の火蓋《ひぶた》は切って落《おと》され　我が三
中の生徒は　此処《ここ》八重岳・真部山《まぶやま》地区そして多野岳《たのだけ》その他各地において圧倒的に
優勢な米軍と果敢《かかん》な戦闘を展開し　数十名が　あたら十代の若き生命を無惨《むざん》にも
散らしてしまった
彼等の三十三回忌《き》を迎えるに当り　学業半ばにして斃《たお》れ　諸々の思《おもい》を残して逝《い》っ
た彼等の霊《れい》を慰《なぐさ》めるとともに　平和の礎《いしずえ》となって散華《さんげ》した彼等の死を永く後世に

伝え　二度と再びかかる残酷悲惨《ざんこくひさん》な戦争を惹起《じゃっき》することがないよう　我等はもとより　子々孫々《ししそんそん》に至るまでの永遠の戒《いましめ》として　ここにこの碑《ひ》を建立する
諸霊《しょれい》よ　安らかに眠り給え
我等は　常に諸霊と共に在《あ》らん

昭和五十二年四月十六日
沖縄県立第三中学校　生存学徒一同

碑文《ひぶん》ができあがり、碑に刻む名簿もできあがった。ついに「三中学徒之碑《のひ》」が完成した。そして、除幕式《じょまくしき》の日を迎えることになった。


一九七七年五月二十二日。

朝から晴れわたっている。

八重岳《やえだけ》の中腹に完成した碑の周りにはテントが張られ、朝から三・三会のメンバーが準備にいそがしく動きまわっていた。参加者の車が次々と駐車場に集まってくる。

定刻の二時。三〇〇人を超える人たちが、沿道にあふれている。

暗号班で戦死した金城勇君《きんじょういさむ》と、宜保栄君《ぎぼさかえ》のお母さんの姿も見える。宜保《ぎぼ》君のお母さんは、息子の遺骨の箱を白いさらしの布に包んで胸に抱いている。戦争が終わってすぐ、学徒兵の仲間たちを探し歩いて戦闘の様子を聞き出した。そして、真部山《まぶやま》の戦場で息子が撃たれた場所を特定し、遺骨を回収していたのだ。

遺族・旧師・来賓《らいひん》の代表によって除幕の綱《つな》がひかれ、学徒の碑が姿を現わすと、参加者のなかからどよめきがおこった。学徒の碑の両側には、向かって右側に碑文、左側に観音菩薩《かんのんぼさつ》像が建立されている。

学徒之碑建立期成会を代表して国吉真昭《くによししんしょう》さんが建立の趣旨《しゅし》、経緯を説明した。

学友代表の宮里松正《みやざとまつしょう》さんの弔辞《ちょうじ》は、太平洋戦争の勃発《ぼっぱつ》から沖縄戦にいたる経過について述べた長文のものだった。

「学友がなぜ死ななければならなかったのか。彼らの死の位置づけをはっきりさせなければならないから、短くするわけにはいかない」

長すぎるのではないかという心配もあったが、参列者はみな、一語一語にうなずきながら聞き入っている。

遺族を代表して、弟の実昭《さねあき》君を亡くした真喜屋実男《まきやさねお》さんがあいさつ。国吉《くによし》さんがあいさつをたのみにいったとき、あまり乗り気ではない印象をうけたのだが、それは年老いたお母さんが戦死した実昭君《さねあき》のことを思い出して悲しむので、なるべく話さないようにしてきたからなのだと、あとから聞かされた。

「みなそれぞれに、つらい思いをしながら、戦後を生きてきたのだ」

あらためて思った。

大城邦靖《おおしろくにやす》さんが吹く追悼《ついとう》のラッパの音が、晴れわたった空に、森がつづく山並みに、響きわたっていく。

除幕式《じょまくしき》は無事に終了し、三中学徒の無念の思いは、八重岳《やえだけ》の山中にかたちとなって刻まれることになった。

「ここに来ると、亡くなった友に会える気がする。一年に一度は、あの世からもどってきてくれた友たちといっしょに、酒を酌《く》み交わそうよ」

だれかの言葉に、「そうだ、そうだ」と拍手が起こった。

③ 平和を求めて

六月二三日は慰霊《いれい》の日。沖縄全島は、沖縄戦で犠牲《ぎせい》になった人々への鎮魂《ちんこん》の祈りに包まれる。

八重岳中腹のかつて戦場だった場所に、「三中学徒之碑《のひ》」が建立されてから、三・三会のメンバーは、毎年この日に慰霊祭を開催してきた。

その前日には学徒の碑の墓石を拭《ふ》き、まわりを掃除する。白い大型テントを張り、お弁当やビールなどの飲み物の手配をする。それを本部《もとぶ》町在住の仲間たち、名護《なご》や那覇《なは》の会員たちと、持ち回りで担当した。当日は、那覇をはじめ沖縄全域、離島からも参加者が駆けつけ、駐車場は車でいっぱいになった。

大城邦靖《おおしろくにやす》さんの哀悼《あいとう》の気持ちをこめたラッパ演奏（亡くなってからは録音）からはじまり、開会の挨拶《あいさつ》、お焼香《しょうこう》。犠牲者の名前を書き上げた写経《しゃきょう》を霊前《れいぜん》にささげる。「いっしょに元気な声で校歌を歌ったな」と、無念の死をとげた仲間たちとの思い出にひたった。

だが、かつての少年兵たちも歳をとり、険《けわ》しい山中に集うのもむずかしくなった。

「われわれの体験を、若い世代に受けついでもらうためにも、名護《なご》高校で毎年おこなわれている慰霊祭《いれいさい》に合流したらどうだろうか」

かつての第三中学校と第三高等女学校のあとをうけた田井等《たいら》高等学校は、その後、名護高等学校と改称されている。

「三中学徒之碑《のひ》」の前での慰霊祭は、戦後七〇年にあたる二〇一五年の慰霊祭をもって一区切りとし、今後は名護高校同窓会主催の慰霊祭に合流することに決まった。この年は午前中に八重岳《やえだけ》で開催したあと、午後からは、母校での慰霊祭に参加することになった。


二〇一五年の六月二三日。

昼過ぎの名護高校。

校門からは、たくさんの人たちが入ってくる。

これから同窓会「南燈《なんとう》」の主催する慰霊祭に参加する卒業生たちだ。

「こんにちは」

「こんにちは」

先輩たちに挨拶《あいさつ》する在校生の声がにぎやかに飛びかう。

校門から大城幸夫《おおしろゆきお》さん、東江新太郎《あがりえしんたろう》さん、仲村宏春《なかむらひろはる》さん、山内敏男《やまうちとしお》さんたち三・三会のメンバーが、「三中学徒之碑」前での慰霊祭を終えて、やってきた。有線班・無線班・暗号班の通信隊や、宇土《うど》部隊と護郷隊《ごきょうたい》に配属された鉄血勤皇隊《てっけつきんのうたい》、かつての学徒兵たちだ。

東江平之《あがりえなりゆき》さんと兄の康治《やすはる》さんの顔も見える。妹の幸子《ゆきこ》さん、幼なじみの文子《ふみこ》さんは、今日もなかよくいっしょにやってきた。

大輪の菊、白百合とあふれるほどの花が飾られている「南燈慰霊之塔《なんとういれいのとう》」の祭壇前に張られた大きなテントのなかでは、集まった人たちが、椅子に腰をかけたり、帽子を脱いで、丁寧《ていねい》にあいさつを交わしたり、ひさしぶりの再会を静かに喜び、なごやかに談笑《だんしょう》している。

戦中・戦後の苦しくつらかった日々をいたわり合う、おだやかな表情にあふれている。

しばらくして、「フランク兄さん」の東江盛勇《あがりえせいゆう》さんが、ゆっくりした足取りでやってきた。アメリカから、この日のために、墓参をかねて来日した。娘さんが、そばで見守っている。

名護高校では、同窓会「南燈《なんとう》」が中心となって、一九五六年に「三中健児之塔《けんじのとう》」を名座喜《なざき》原《ばる》の小高い丘に建立し、満州事変勃発《まんしゅうじへんぼっぱつ》からアジア・太平洋戦争までの間に戦没した卒業生・在学生の霊を祀《まつ》った。もちろん、そのなかには、沖縄戦で亡くなった学徒兵の犠牲者《ぎせいしゃ》もふくまれている。そののち、八重岳《やえだけ》の野戦病院で看護活動にあたり、撤退《てったい》のとき命を落とした安里信子《あさとのぶこ》さんら、第三高女の犠牲者《ぎせいしゃ》も合祀《ごうし》された。そして、「南燈慰霊之塔《なんとういれいのとう》」と名称を改め、二〇〇一年に現在の名護《なご》高校の敷地内に移設した。

午後の二時、戦後七〇年の慰霊祭《いれいさい》がはじまった。

開会の辞《じ》、黙《もく》とう、追悼《ついとう》の辞とつづく。

かつての学徒兵たちには、あの日のことが鮮明《せんめい》によみがえる。

はじまりは学校からだった。学校と戦場は直接につながっていたのだと、大人になってからわかった。軍事訓練のとき、三中生たちは、黄色い爆弾を腰に巻きつけて、戦車に飛びこんでこいと命令された。死ぬ練習ばかりしていたのだと思う。

訓練で先生に連れられ、やんばるの山中をまわったときは、遠足のような気分で、そこが戦場になるとは、想像もしなかった。

戦場では、いつも「日本が勝っている」「沖縄本島全体に、日本兵が隠れているから、必ず反撃して勝利する。だから心配することはない」と言われつづけた。それを信じたまま、大勢の少年たちが犠牲になって、二度と帰ってこなかった。

大城《おおしろ》さんたちは、学徒兵の苦しみに満ちた日々を体験したからこそ、これからを生きる若い人たち、子どもたちに、二度と戦争を体験してほしくないと、願ってきた。戦死した仲間たちの無念の思いを、どう引き継ぎ、伝えるか。

犠牲になった友たちは、今も、やんばるのイタジイの森をさまよっているような気がして、眠れない夜も少なくない。

「これからは母校の名護高校で、後輩たちといっしょに慰霊祭をつづけますから、毎年ここで会いましょう」

幸夫《ゆきお》さんは、読経《どきょう》の声を聴きながら、亡くなった仲間たちに、胸のなかで語りかけた。

東江平之《あがりえなりゆき》さんは、戦後、みずからの戦争体験に向き合いながら、研究をつづけてきた。鉄血勤皇隊《てっけつきんのうたい》に入ったときは、一日でも長く戦争をつづけ、戦うことが使命だと思いこんでいた。戦争が終わったあとになってはじめて、自分たちの受けた教育がどんなものだったか、客観的に考えることができるようになった。

アメリカの大学に留学し、いろいろな国から来た学生たちと交流した。そこで、学生たちが当たり前のように自国の軍隊や戦争を批判《ひはん》し、議論する様子を見て、戦時中に自分たちが受けた教育と比べることができるようになった。

自分自身で物事を判断し、考えるようにしなければならないのだと悟《さと》った。兄の康治《やすはる》さんも、戦争の体験を見つめなおして、戦後を生きてきたという。

当時の学校は軍隊と一体化していた。生徒を兵士に育てるところだったと気づいた。上からの命令に従うだけで、自ら自由に考えることがゆるされなかった。

ほんとうの学校とは、真の学問とは、どういうものか。康治《やすはる》さんは、大学の教員として教育にあたりながら、かつては戦場となったやんばるの地に、新しい大学を創立する夢をいだくようになった。

康治《やすはる》さんはじめ多くの人の努力によって設立された名桜《めいおう》大学[1]は、「平和・自由・進歩」を建学の精神として掲《かか》げる。大学の校舎は、かつて学徒兵たちが戦った場所、八重岳《やえだけ》から多野《たの》岳《だけ》への苦難の「転進」の舞台となった地に建っている。

フランク兄さんは、戦後もたびたび沖縄を訪ねた。沖縄がかかえる苦しみの数々を目の当たりにし、自分の家族や沖縄の人々への思いをつのらせたという。

ふるさと沖縄の人々は、衣服や食べ物にも不自由し、住む家も失った。そのうえ、広大なアメリカ軍基地が次々と建設され、自分たちの大切な田畑が、基地建設のために取り上げら

1　沖縄県名護市にある公立大学。一九九四年創立。

れた。そうした沖縄の現実に心を痛めた。

沖縄に寄り添う気持ちと、アメリカ国籍を持ちアメリカ人として働きつづけてきた日々。ある新聞記者の問いかけに、フランクさんはこう答えている。

「わたしはアメリカ国籍だが、アメリカ人でも日本人でもなく、オキナワン（沖縄の人）であると心から思っています。ふるさとの人々の苦しみが、胸にひしひしと伝わってくるのです」


慰霊祭《いれいさい》の数日後、「高校生とともに考えるやんばるの沖縄戦」というスタディツアーのバスのなかに、大城幸夫《おおしろゆきお》さんと東江新太郎《あがりえしんたろう》さんの姿があった。今日は、戦跡を説明する案内役だ。

朝から快晴。太陽の光が、強烈に照りつける。

ツアーには、高校生ばかりでなく、中学生、小学生も参加していた。総勢六〇人が二台のバスに分乗して、やんばるの山のなかの道を登っていく。左右にイタジイの森がつづく道でバスを降りた。

「ここが陸軍病院名護《なご》分院、私たちが野戦病院と言っていた場所です」

苔《こけ》むしたなかに、かつての建物の敷石が残っている。

大城幸夫《おおしろゆきお》さんと東江新太郎《あがりえしんたろう》さんの説明で、重傷の兵士や学徒兵たちであふれていた当時の様子がよみがえる。少し離れた場所に、国頭《くにがみ》支隊の本部壕《ほんぶごう》があった。

「当時とはすっかり風景が変わってしまったけれど、ここが炊事場《すいじば》のあった場所です。ご飯を炊《た》いて、当番がにぎり飯を配った。その前には、兵舎が並んでいました」

「戦時中は、小学生でも陣地《じんち》づくりにかり出されたんです。とてもつらい作業でした」

参加者から質問が出ると、幸夫《ゆきお》さんたちは丁寧《ていねい》に答える。

若い人たちに、自らの戦争体験を語り、戦争がかけがえのない命を粗末《そまつ》にするものであること、それが戦争の本質であることを、語り伝えたいのだ。

自分が語る言葉は、無念の死を遂《と》げなければならなかった仲間たちの言葉。彼らに代わって話しているのだという強い思いを胸にして、大城《おおしろ》さんたちは、案内役を引き受けてきた。

目の前の中高生や小学生たちの、真剣に聞き入るまなざしがまぶしい。

あの日、いっしょに豚汁を食べ、力いっぱい歌を歌い、将来の夢を語り合った学友たち。

「生き残った私たちが、学徒兵の気持ちをしっかり語り伝えていくよ。平和を願う思いはひとつなのだから」

「南燈慰霊之塔《なんとういれいのとう》」や「少年護郷隊之碑《ごきょうたいのひ》」、そして、軍服や手榴弾《しゅりゅうだん》、戦時中の新聞記事などたくさんの資料が保存されている名護《なご》博物館へと、スタディツアーはつづいた。

三中学徒之碑

エピローグ

沖縄県立第三中学校の生徒たちが、〈鉄血勤皇隊《てっけつきんのうたい》〉〈通信隊〉の兵士として軍隊に召集されたのとほぼ同じ日、沖縄にあったすべての中学校・師範《しはん》学校・実業学校などで、同じように〈鉄血勤皇隊〉〈通信隊〉が組織された。高等女学校の生徒は、看護要員《かんごよういん》として動員される。これら「学徒隊」の人数は、全二一校、あわせて二〇〇〇人を超え、その半ばは激しい戦闘のなか命を落とした。

沖縄戦終焉《しゅうえん》の地、摩文仁《まぶに》の平和祈念公園のなかに、二〇一七年、「全学徒隊の碑《ひ》」が建立された。さらに翌年には、その碑の隣に、〝元全学徒の会〟の懸命な調査に基づく刻銘碑《こくめいひ》が立てられた。学徒隊で戦死した者をふくめて、沖縄戦で戦没した学徒が一九八四名にのぼると記されている。

動員された学徒たちは、充分な訓練を受けることもなく、強大なアメリカ軍との戦争の前面に立たされた。遺言を残す時間も余裕も与えられなかった。そのなかで、第一中学校の生徒たちが急いで書き残し、壺《つぼ》に入れて地中に埋めた遺書が、戦後になって奇跡的に掘り起こされた。

三年生の根神屋昭君《ねがみやあきら》は、「御国《おくに》の為《ため》に、大君《おおきみ》の為に、散る覚悟でいます」と、教えられた言葉どおりに、自分自身を納得させようと書きながら、最後に、「もう一度、父母兄弟の顔が見たくてたまりません」と本心を吐露《とろ》している。五年生の宮城辰夫《みやぎたつお》君は、瀕死《ひんし》の重傷を負って歩けなくなり、手榴弾《しゅりゅうだん》で自決する前、「母の所に連れていってくれ」と仲間にたのんだという。

せめて最後に一目だけでも、お母さんに会いたい。これは、亡くなったすべての学徒兵の気持ちを代弁する言葉と言っていいだろう。彼らはまだ、ようやく十代半ばになったばかりの少年だったのだ。その望みもかなえられず、死ななければならなかった。

真部山《まぶやま》の戦いで敵弾に撃ち抜かれたまま野戦病院に放置され、アメリカ軍の焼き討《う》ちは逃れたものの、傷口が悪化して亡くなった通信隊暗号班の金城勇《きんじょういさむ》君のお母さんは、八重岳《やえだけ》山中の「三中学徒之碑《のひ》」の前で、次のような琉歌《りゅうか》1を詠《よ》んだ。

1　沖縄の短詩形歌謡。上の句八・八、下の句八・六が基本。三線にあわせて歌う。

御代《みよ》や　うち変《かわ》て《てぃ》　豊《ゆた》か世《ゆ》になりば
思《うむ》みまさるしゆる　親《うや》ぬ心《くくる》
（時代が変わって、豊かな世の中になればなるほど
愛しい息子を失った悔しさ　悲しさがつのります
それが　親の心というものです）
うらむ　あぬいくさ　又《また》と有《あ》りて《てぃ》ならぬ
あたらうまんちゅぬ命《ぬち》捨《し》て《てぃ》て《てぃ》
（恨めしいのは　あの戦争です
二度と　おこしてはなりません
たくさんの尊い命を　失ってしまいましたから）

わが子への尽《つ》きることのない母の思いとともに、このような悲しみを生み出す戦争が二度とあってはならないと、静かに、しかし力強く、訴えている。

あとがき

沖縄戦では、子どもから老人までたくさんの住民の命が失われました。現地召集された人々のなかには、十代半ばの中学生もいました。激戦の南部地域での「ひめゆり学徒隊」や、鉄血勤皇隊《てっけつきんのうたい》の悲惨な運命が胸に迫ります。その学徒兵の戦いが北部地域でもくりひろげられたことは、あまりよく知られていないように思われます。本部《もとぶ》半島の八重岳《やえだけ》に立つ「三中学徒之碑」には、やんばるの戦闘で戦死した中学生の名前が数多く刻まれています。

まだ人生の入り口にあった中学生が、なぜ、どのようにして戦争に巻きこまれ、どのような思いで死んでいかなければならなかったのでしょうか。二〇〇六年一〇月二九日の沖縄タイムスに載った記事が忘れられません。鉄血勤皇隊の編成過程を詳細に記した米公文書が発見されたというものでした。そこには、日本軍と沖縄県が交わした覚書に基づき、学校が学徒名簿を軍部に提出、学校長が指揮責任をもって鉄血勤皇隊を組織し、全教職員と一四歳以上の全生徒をそこに編入すること、軍が直接に主導して戦闘訓練（特攻訓練も含む）、陣地構築・通信業務・医療手当などの訓練をおこなうことなどが明記されていました。学徒たちを、学校から戦場へ引き出す道筋が示されているといえます。

名護《なご》の県立第三中学校でも、三年生の一部が国頭《くにがみ》支隊の通信隊員として召集され、それ以外の生徒で編成された鉄血勤皇隊は、半数が支隊の中心である第二歩兵隊に、半数が支隊配下の第一護郷隊《ごきょうたい》に配属されて、北部に進攻してきた米軍と戦うことになります。

　三年生で通信隊員となった大城幸夫《おおしろゆきお》さんや、一四歳で鉄血勤皇隊員となり護郷隊に配属された東江平之《あがりえなりゆき》さんはじめ、故・東江康治《あがりえやすはる》さん、故・仲村宏春《なかむらひろはる》さん、故・安谷屋晋作《あだにやしんさく》さん、故・東江新太郎《あがりえしんたろう》さん、故・山内敏男《やまうちとしお》さんなど、かつての学徒兵だった方々から臨場感あふれる貴重なお話を聞かせていただきました。第二歩兵隊に配属された故・宮里松正《みやざとまつしょう》さんの『三中学徒隊』（一九八二年）、通信隊員だった故・宮城光吉《みやぎみつよし》さんの『少年兵の追憶』（二〇一〇年）は、学徒隊の全体像をつかむうえで欠かすことのできない記録です。名護高等学校創立五十周年記念誌編集委員会『南燈　五十周年記念誌』（一九八二年）、名護市教育委員会文化課市史編さん係編『語りつぐ戦争』第1集～第3集（一九八五～二〇一二年）、三・三会編集委員会『創立三十周年記念誌～回想～』（一九九二年）などには、学徒兵としての体験を綴《つづ》った数多くの手記が収録されています。森杉多《もりすぎた》『空白の沖縄戦記』（昭和出版、一九七五年）は、通信隊で学徒兵たちの上官の立場にいた森兵長の体験記、辻本昌弘《つじもとまさひろ》『沖縄、時代を生きた学究』（沖縄タイムス、二〇一七年）には、東江平之さんの体験が記録されています。

お話をうかがい、手記を読みながら、皆さんが一様に、亡くなった学友の声を代弁《だいべん》する気持ちで語り、記述しているのだと気づかされました。それは、三中学徒隊の仲間にとどまらず、すべての学徒隊の戦死者の声を代弁するものでもあると思います。命を落とした学徒たちの思いを、生き残った者として代弁しようとする大城《おおしろ》さんたちの証言・記録をもとに、理不尽《りふじん》にも戦場の最前線に立たされた少年兵たちの過酷な体験の全容をなんとかとらえ、無念の死を遂げた彼らの命の意味を問いたいと考えました。

　執筆にあたり、やんばるでの沖縄戦について御教示いただいた川満彰《かわみつあきら》先生はじめ、名護《なご》博物館、本部《もとぶ》町立博物館、一中学徒隊資料展示室のみなさまに大変お世話になりました。故・フランク東《ひがし》さん、故・友利哲夫《ともりてつお》さん、故・池宮城《いけみやぎ》けいさん、島袋初美《しまぶくろはつみ》さん、仲本章子《なかもとしょうこ》さん、伊波和子《いはかずこ》さん、西江慶子《にしえけいこ》さん、西江一馬《にしえかずま》さん、山吉《やまよし》まゆみさんはじめ、取材の際お力添えいただいたたくさんの方々に感謝申し上げます。原稿の遅れを我慢強く待ってくださいました童心社の橋口英二郎さん、ありがとうございました。

真鍋　和子

参考文献（「あとがき」に掲げたものの他）

・名護市史編さん委員会編『名護・やんばるの沖縄戦』（名護市役所、二〇一六年）
・川満彰『陸軍中野学校と沖縄戦』（吉川弘文館、二〇一八年）
・川満彰『沖縄戦の子どもたち』（吉川弘文館、二〇二一年）
・名護博物館編『名護・やんばるの戦争』（一九九五年）
・宜保栄治郎『軍国少年がみたやんばるの沖縄戦』（榕樹書林、二〇一五年）
・護郷隊編纂委員会編『護郷隊』（一九六八年）
・宮本雅史『少年兵はなぜ故郷に火を放ったのか』（KADOKAWA、二〇一五年）
・三上智恵『証言　沖縄スパイ戦史』（集英社、二〇二〇年）
・大田昌秀編『沖縄鉄血勤皇隊』（高文研、二〇一七年）
・ひめゆり平和祈念資料館編『沖縄戦の全学徒隊』（二〇二〇年改訂版）
・防衛庁防衛研修所戦史室編『戦史叢書　沖縄方面陸軍作戦』（東雲新聞社、一九六八年）
・藤原彰編『沖縄戦』（青木書店、一九八七年）